# 英语文化研究与翻译策略

郝现文 ◎ 著

 吉林出版集团股份有限公司

图书在版编目（CIP）数据

英语文化研究与翻译策略 / 郝现文著. — 长春：
吉林出版集团股份有限公司，2024.10. — ISBN 978-7
-5731-5994-6

Ⅰ．H315.9

中国国家版本馆CIP数据核字第2024XZ0071号

## 英语文化研究与翻译策略

YINGYU WENHUA YANJIU YU FANYI CELÜE

| | | |
|---|---|---|
| 著　　者 | 郝现文 | |
| 责任编辑 | 曲珊珊 | |
| 封面设计 | 林　吉 | |
| 开　　本 | 710mm×1000mm　　1/16 | |
| 字　　数 | 180 千 | |
| 印　　张 | 13.5 | |
| 版　　次 | 2024 年 10 月第 1 版 | |
| 印　　次 | 2024 年 10 月第 1 次印刷 | |
| 出版发行 | 吉林出版集团股份有限公司 | |
| 电　　话 | 总编办：010-63109269 | |
| | 发行部：010-63109269 | |
| 印　　刷 | 廊坊市广阳区九洲印刷厂 | |

ISBN 978-7-5731-5994-6　　　　　　　　　　定价：85.00 元

# 前　言

　　语言不是单独存在的产物，其产生与发展都离不开文化，可以说，语言是文化的重要组成部分，而文化在文字还未产生的发展过程中起着不可忽视的作用，它能够记录与传承文化。翻译是语言转换的重要工具，它可以将一种语言的表达形式转换成另一种语言，且语言负载的信息不仅包括语言本身的信息，还包括文化信息，可以说，翻译不仅是一项语言符号的转换活动，还是一项文化传递活动。翻译能够让翻译双方在价值观念、思维方式、审美需求以及社会文化等方面都产生良好的互动和了解。翻译使不同民族的文化得以传播开来，人们在翻译的帮助下一步步实现文化一体化。英语是公认的世界性语言，在世界商贸活动或者人们日常交流中都起到重要的作用。在中国，随着改革进程的不断加快，对英语人才，尤其是英语翻译人才的需求日益提升。可见，英语翻译依然是现阶段主要的外语翻译。

　　英汉翻译是以英语为来源语种，以汉语为目标语种，对其进行翻译的过程。英语与汉语是世界上使用人口最多的语言，同时二者又分属不同的语系，在语言形式与结构上差异明显。因此，英汉翻译首先在语言转换上就存在困难，比如在时态的把握上，英语相对来说会比较准确，而在汉语语境下往往是通过情景的构建对时态进行表征而非具有专业表达方式。此外，中西文化因地理环境、经济水平以及风俗习惯等的不同而存在差异。其中，风俗习惯是英汉文化差异的直观表现，体现在某个地区群众的日常生活方式上，体现在生活的各个区域。因此，在实际的翻译工作中，由于会受到文化的影响与制约，翻译过程中肯定会困难重重，所以翻译人员还需要付出更多的努力，充分实现自身作用的最大化。翻译人员必须要对英汉文化有全面深入地了解，尤其是要在掌握一般翻译技能的基础上，掌握有关文化负载词汇的翻译，只有这样，译者才能最大限度地翻译出符合译语读者心理需求的译作，才能进一步推动中西文化的沟通与交流。

本书主要内容是研究英语文化研究与翻译方面的问题，涉及丰富的英语文化与翻译知识。主要内容包括英语文化与翻译的基础知识、英语语言文化多维度的研究。本书是笔者长期从事英语教学和实践的结晶，在内容选取上既兼顾到知识的系统性，又考虑到可接受性，同时强调翻译技能的应用性。本书涉及面广、技术新、实用性强，使读者能够理论结合实践，获得知识的同时掌握技能，理论与实践并重，并强调理论与实践相结合。本书兼具理论与实际应用价值，可供相关教育工作者参考和借鉴。

由于笔者水平有限，本书难免存在不妥甚至谬误之处，敬请广大学界同仁与读者朋友批评指正。

郝现文

2024 年 7 月

# 目　录

# 第一章　文化与翻译概述

翻译是两种语言之间的转换活动，而语言是文化的映射，能反映出不同的文化背景。因此，文化与翻译也有着千丝万缕的关系。若想翻译出高质量的文章，必须要考虑源语的文化背景。随着翻译研究的日益深入，用文化的视角来进行翻译也得到了越来越多学者的重视。

## 第一节　文化概述

美国社会学家萨林斯曾经指出："历史上所有的社会其实都是全球社会，每一种文化也都是包容宇宙万物的体系，将大千宇宙纳入各自的文化版图。"他的观点在一定程度上概述出了文化的本质。虽然世界上存在不同的国家和不同的历史，但是文化却都包含着人与社会的关系以及人的存在方式。这种文化共通的存在为文化研究提供了便利。

西方语言中的"文化"一词源于拉丁文 cultura，包含着耕种、驯化、培养的含义。18 世纪后期，文化的概念逐渐扩展到欧洲人的社会生活中，一些启蒙学家认为，文化就是和野蛮相抗衡的理智。不同国家的艺术成就、科学成就以及社会制度和政权结构的公平程度成为衡量文化优劣的重要标准。

在汉语中，文化一词古已有之，最早出现于《周易·贲卦》："观乎天文，以察时变；观乎人文，以化成天下。"在这个定义中，"天文"指的是自然的规律，"人文"指的是人类社会的规律。这个定义在一定程度上反映了文化的规律性，表达出文化的基本内涵——通过人伦教化，使人们自觉行动。

汉代的《说苑》中指出："圣人之治天下也，先文德而后武功。凡武之兴，为不服也，文化不改，然后加诛。"在上述表述中，文化一词有了正式表述，同时也有了文治教化的含义。

## 一、文化的定义

文化涵盖的范围广泛，易于感知却难以把握，这种复合性决定着要对其下一个完整准确的定义并非易事。中外学者对文化的表述不尽相同，下面选取其中几种进行说明。

最早具有科学意义的文化定义，是英国文化人类学家爱德华·B·泰勒在《原始文化》一书中提出的。他指出："文化或文明，就其广泛的民族学意义来讲，是一个复合整体，包括知识、信仰、艺术、道德、法律、风俗以及其余社会上学到的能力与习惯。"[①]

英国人类学家阿尔弗雷德在总结前人基础上，对文化提出了较为全面的定义，主要包括以下几方面：

第一，文化由外显和内隐的行为模式构成。

第二，这种模式通过象征符号而获得和传递。

第三，文化代表了人类群体的显著成就，包括它们在人造器物中的体现。

---

① 泰勒.原始文化[M].蔡江浓，译.杭州：浙江人民出版社，1988.

第四，文化的核心部分是传统的（历史的获得和选择的）观念，尤其是它们所带来的价值。

第五，文化体系一方面可以看作行为的产物，另一方面则是进一步行为的决定因素。

阿尔弗雷德的定义指出了文化的符号性，强调其产生过程。同时还指出了文化对人类生活的反作用。

联合国教科文组织在 2001 年 11 月通过的《世界文化多样性宣言》中对文化的定义也有所阐释：文化是某个社会或社会群体特有的精神、物质、智力与情感等方面一系列特质之总和。除了艺术和文学之外，还包括生活方式、共同生活准则、价值观念体系、传统和信仰等方面。

虽然不同的专家和组织对文化的定义表述不同，但是从大的层面上可以将文化分为广义文化和狭义文化两种。广义文化主要是指人类社会实践过程中所创造的物质财富和精神财富的总和；狭义文化指的是社会意识形态以及与之相适应的制度和组织机构。

## 二、文化的特征

文化在长期发展过程中，衍生出了自身的特征；下面对这些特征进行总结。

### （一）传承性

文化是在人类进化过程中所衍生和创造出的一种带有传承性的习得方式。这种传承性表明文化的非先天遗传性。人们在社会生活和交往过程中，依靠不断传承的文化得以生存和发展。

这种传承性承担着人类生活的基本职能，帮助人们应对生存困境和解释生命过程。在这个过程中，人们的共同价值体系得到了构建，同时又反过来约束人们的行为。

## （二）民族性

文化往往是以民族的形式出现，是特定群体和社会成员所共同接受和共享的，这种民族性表现在以下几方面：

第一，同一民族使用共同的语言。

第二，同一民族遵守共同的风俗习惯。

第三，同一民族具有共同的心理素质和性格。

通过上述可知，文化是以民族为中心的，这是文化的根本属性。

## （三）稳定性

每一种文化都有着内部稳定的文化结构，如习俗、道德、世界观、人生观等，这种稳定性是文化得以发展的根基。

但是需要指出的是，文化的稳定性并不是指文化一成不变。文化是在稳定的基础上不断吸收外来文化，从而保持自身结构的稳定与平衡。社会生产力、科学技术、新的观念、政治格局等因素都可能推动文化的发展。这种发展是文化表层结构的变化，但是内在文化根基保持不变。

## （四）整体性

文化是不同的要素共同组成的一个整体，各个结构相互连接，各个功能相互依存，这就是文化的整体性。

在文化整体性的影响下，研究者对文化的任一信息系统进行研究，最终都会展示出文化的完整图景。同时，文化的任何一部分的变动，都会对其他部分产生一定的影响。

# 第二节 翻译概述

## 一、翻译的界定

随着世界经济国际化的快速发展，各个国家之间的交流也日渐频繁，翻译作为人类交流的媒介和信息转化的手段，它的重要性也在不断凸显。

事实上，从翻译活动开始后，人们对翻译的各种研究就未停止过。本节对翻译的定义和翻译的分类等各种基础知识进行介绍，从而帮助读者在翻译活动的问题上有一个整体的认识和把握。到今天，翻译工作已经有了千百年的历史。所以，无论是东方还是西方，翻译工作都有着非常悠久的历史。但是对于"翻译是什么"的问题，学术界一直持有不同的观点。不同学者对翻译的界定各有不同，下面就从国内和国外两方面进行论述。

### （一）国外比较具有代表性的翻译定义

（1）18 世纪著名的英国作家塞缪尔·约翰逊（Samuel Johnson）认为，翻译是把一种语言转换为另一种语言，但原文的意思要保持不变。（Translation is to convert one language into another, but the meaning of the original text should remain unchanged.）

（2）美国的翻译理论学家奈达（Eugene A.Nida）认为，翻译指的就是从翻译的语义到翻译的文体，在译语中通过使用最接近、最自然的对等语，实现对源语信息的再现。（From the semantic meaning of translation to the style of translation, the source language information can be reproduced by using the closest and most natural equivalent language in the target language.）奈达的这个翻译观点是国外比较有代表性的翻译定义。

（3）杜波斯（Dubois）认为，翻译就是将第一种语言（源语）语篇中所表现的东西通过第二种语言（目的语）重新表达，同时，尽可能保证语义和语体方面的对等。

（4）著名的英国语言学家、翻译理论家卡特福德（J.C.Catford）认为，翻译是一种语言（源语）语篇被另一种语言（目标语）中的等值话语材料替代。因此，在卡特福德看来，翻译存在的状态有两种：一是源语（译出语），二是目标语（译入语）。

（5）皮特·纽马克（Peter Newmark）认为，翻译指的是将一种文本的含义根据原作者的意向移入另一种文本之中。（Translation refers to moving the meaning of a text into another text according to the original author's intention.）

（6）韦努提（Venuti）认为，翻译是译者依靠解释所提供的目的语中的能指链替代构成源语文本的能指链的过程。韦努提从不同于传统"对等"角度的定义出发，指出能指与所指是能够实现分裂的，并且符号和意义两者之间是不同的，文本的意义也存在不确定性，因此就否定了结构主义一直以来推崇的所指和能指之间的对应关系。通过一种表层结构代替另一种表层结构，这是韦努提的翻译观点。

（7）吉迪恩·图里（Gideon Toury）认为，翻译是无论在什么情况下，译文都呈现出或者被认为是目的语文化的一种目的语文本。（Translation is a target language version that appears or is considered to be a target language culture under any circumstances.）他的这一观点使目的语文化被提出，使得翻译的研究范畴从语言层面拓展到了文化层面。

（8）费道罗夫（Fedolov）是苏联的翻译语言学理论学者，他认为翻译是用一种语言将另一种语言在思想内容与表现形式相统一的情况下将已表达出来的东西完整而准确地表达出来。

（9）苏联的语言学家巴尔胡达罗夫（Barkhudarov）认为，翻译是在保证语言言语产物内容方面（意义）不改变的前提下把一种语言转变为另一种语言的言语产物的过程。

（10）马尔科姆·考利（Malcolm Cowley）认为，翻译是用其他语言为有不同背景的读者提供的一种可以创作的艺术。（Translation is a kind of art that can be created for readers with different backgrounds in other languages.）

（11）让·萨格（Jean Sager）认为，翻译是由外力激发，以信息科技为依托，随交际方式的变化而变化的一种产业活动。（Translation is an industrial activity inspired by external forces, relying on information technology and changing with the changes of communication methods.）他的这一观点使翻译的外延进一步扩大。他把翻译当作一种产业间的活动，它的动力源自外部，并且以信息科技为辅助手段。

（12）威尔斯（Wilss）认为，翻译指从源语言文本到目的语言文本，这两者尽量要实现对等，并且能够提前了解源语言文本的风格和内容。

（13）克里斯蒂安·诺德（Christiane Nord）认为，翻译源自目标语言文本，并且和源语言文本有一定的关联，源语言文本是根据目标语言文本的预期和要求设定的。（The translation originates from the target language version and is related to the source language version.The source language version is set according to the expectations and requirements of the target language version.）

（14）弗米尔（Vermeer）认为，翻译是信息的一种模仿过程，它是通过运用 Z 语言去模仿 A 文化中 A 语言传递出的信号来提供信息，从而实现所期望实现的功能。翻译不仅仅是运用换码的方法把词语或者句子从一种语言转化成另一种语言的简单活动，还是人们在新的环境中，最大限度地通过模仿原本的形式特点提供该文本信息的一种复杂活动。

### （二）国内比较具有代表性的翻译定义

（1）茅盾认为，翻译就是通过使用一种能够将原作的艺术意境呈现出来的语言，让读者在读译文的同时，能够感受到原作带给人们的启发和美。

（2）吕俊认为，翻译作为传播的实质和传播学中一个拥有特殊性质的领域，是跨文化之间的一种信息交流和交换活动。

（3）林煌天认为，作为语言活动的组成部分，翻译有非常重要的作用，翻译是将原文章中的语言或语言变体的内容转变成另一种语言或语言变体的过程与结果，又或者是通过另一种语言实现原语言材料构成文本的完整、准确再现。

（4）沈苏儒认为，翻译是指有不同文化背景的人通过使用一种语言（文字）表述的内容，使其与另一种语言（文字）之间实现充分而有效的传递和转化。

（5）王克非认为，翻译是将文章所蕴含的思想通过不同的语言文字表达出来的文化活动。

（6）孙致礼认为，翻译是通过不同的语言将相同的意义表达出来，从而达到沟通思想情感、传播文化知识的目的。它有利于更好地推动社会文明进步，促进译语文化的兴旺昌盛。

（7）林汉达认为，准确的翻译就是尽可能地按照汉语的习惯，忠实地表达原文的意思。

（8）王以铸认为，好的翻译绝不是把原文一字一句硬搬过来，而是要传达原文的神韵。

（9）范仲英认为，翻译是人类在思想交流过程中沟通不同语言的桥梁，能使通晓不同语言的人通过原文的重新表达进行思想交流。翻译是把源语的信息通过译语表达出来，使读者在读译文时也能够感受到原文作者最初想要表达的思想观点，从而使译文读者获得大致和原文读者相同的感受。

（10）谭载喜认为，翻译是把文章的思想意义通过不同的语言文字表达出来的过程。它是具有艺术特征的一门技术，如创造性特征，但这并不代表它具有科学性。他主要侧重于强调翻译的技术性，突出翻译的艺术性。

（11）张培基认为，翻译是通过不同的语言将文章的同一种思想准确而完整地再现出来的语言活动。

（12）许钧认为，翻译是将符号间的相互转换作为手段、把意义再生当作任务的一种跨文化的交际活动。

以上陈述简单介绍了国内外学者对翻译定义的各种见解，但无论何种定义，国内外学者都视翻译为文字之间的一种转换活动。这种文字间的转换过程主要有三个特征：第一，在翻译的信息和风格上面，尽量使翻译的作品与原语言作品具有同等的价值。第二，这种作品上的等值应尽可能地接近，而不只是追求形式，简单机械地生搬硬套，从而忽略掉一些更为重要的东西。第三，要注意各类作品在体裁等方面的诸多不同，还要注意各类文体在个性等方面的差别。更值得注意的是，在翻译的过程中，翻译者的任务只有一个，那就是转换文字而不能随意更改原作品的意思。作品的准确性和表达性是翻译的两个要素。准确性，即译者必须严格地遵循原作者所表达的意思，选用的字词和句式结构也必须准确地传达原文所体现的思想，这是翻译作品的第一要求。使译文便于理解体现了翻译的表达性，即尽可能清楚准确地将原文的思想表达出来。译文思想的准确无误体现了翻译的准确性，而表达性则使译文更加生动，更具魅力。

## 二、翻译的性质

什么是翻译？对此问题，每个人都有自己不同的看法，而不同的看法就会有不同的翻译方法和翻译策略。

持不同翻译观的学者将语言学的翻译观解释为传统型和当代型两种。传统型的翻译观将 19 世纪以来的传统语言学理论作为基础来研究。英国的语言学家卡特福德（J.C.Catford）认为，翻译是一项能够对语言实现操作的工作，也就是通过一种语言中的文本（text）替代另一种语言中文本的过程。苏联语言学家巴尔胡达罗夫则认为，翻译就是将一种连贯性话语，在不改变它的内容和意义的情况下转变成另一种连贯性话语的过程。

在当今语言学的影响下，语言学的翻译观侧重于将研究的重点从语言本身拓展至交际的语境、语域、语用等领域。从语言功能和交际角度对翻译进行研究可知，翻译一般侧重的主要是翻译的信息而非文字，它的目的就是和接收者进行沟通。奈达作为西方翻译理论史上推崇交际翻译观的代表人物，他认为，翻译指的就是在译入语中能够再现和原语中信息最为贴近的自然对等物，第一是在意义方面，第二是在文体方面。奈达的这个观点常被人引用。他认为应该通过读者的反应去衡量译文的理想程度，即译文的读者和原文的读者读到译文和原文的感受应大致相同。我国著名翻译理论学者刘宓庆则认为，翻译的实质就是语际间意义的相互转换；蔡毅认为，翻译的定义应该是"将一种语言所传达的信息通过另一种语言传递出来"。

从文艺学的角度来阐释翻译的规则：翻译注重语言的创造能力，是一种艺术创造的形式，讲求译品的艺术效果。文艺学派的典型代表人物巴斯内特（Bassnett）、兰伯特（Lambert）、勒弗菲尔（Lefevere）等人认为，翻译的实质就是对原作品的重新编排。我国也有很多人认同文艺学的翻译观。傅雷提出"神似说"，他认为，从文章效果出发，翻译应如临摹画作一般，追求画作的神似而非形似。钱锺书认为翻译是"化境说"，他曾在《林纾的翻译》中指出："'化'是文学翻译的最高境界。想要将作品从一国的文字转化为他国的文字，就要既不因为语言习惯的差异而生硬牵强地进行翻译，又要尽可能保留原文的意味，这才可以算是人于'化境'。"[①]

持文化翻译观的学者认为，翻译不仅是语言符号之间的一种转换，还是思想文化之间的一种交流，"翻译就是把一种语言中所表达的意思通过使用另一种语言文字传递出来的一种文化活动"[②]。沈苏认为，翻译是一种跨语言、跨文化之间的交流。"跨文化"是西方学者用来形容翻译这个活动的词语。斯内尔·霍恩比就认为翻译是一种跨文化的活动。巴斯内特和勒弗菲尔则

---

① 钱锺书，郑振铎，阿英，马泰来. 林纾的翻译 [M]. 北京：商务印书馆，1981.
② 王克非. 语料库翻译学探索 [M]. 上海：上海交通大学出版社，2012.

认为，进入 20 世纪 90 年代以后，翻译研究的历史性转折点就是对文化的研究。

从上述所说的一系列关于翻译的各种不同观点以及翻译理论学家对翻译的解释来看，翻译的过程不仅涉及两种语言，还涉及两种文化。由此可知，翻译不仅是一种语言间的活动，还是一种文化间的活动。文化的载体是语言，翻译是文化沟通的桥梁，这个桥梁的作用是通过语言机制之间的转换和连接来发挥的。事实上，翻译是不同的语言社区（language community）之间进行交际的过程，它的任务就是将原作品中涵盖的现实世界中的逻辑映象或者艺术映象完整地从一种语言转移到另一种语言中。

## 三、翻译的分类

### （一）不同视角下翻译的分类

"翻译"属于笼统的概念。从广义上来说，翻译包含语言与非语言符号之间的相互转换。

关于翻译，本书内容多侧重于语言的转化方面，也就是把某种语言行为的言语产物转移到另一种语言行为中。根据翻译的不同处理方法，翻译的整个活动能够被分成许多不同的类型。按翻译的源语和目的语划分，翻译可以被分为语内翻译、语际翻译和符际翻译。在一种语言内部，不同的语言变体之间进行的翻译，指的就是语内翻译。例如，把古代的汉语翻译成现代汉语，把四川话翻译成普通话，把重庆话翻译成东北话；等等。语际翻译则是将本族语（native language）翻译成外族语（foreign language），或者把外族语翻译成本族语。例如，把汉语翻译成英语，把法语翻译成汉语；

等等。符际翻译是指各种非语言符号间的相互转化。例如，当身处一个陌生的地方，即使不熟悉当地的语言环境，但是只要看到公路上亮了的红绿灯，便可以解读出其中的含义，知道是否可以通行。

按翻译的活动方式进行划分，翻译可以分为口译（interpretation）、笔译（translation）、机器翻译（machine translation）以及网络翻译（online translation）。其中，口译大多应用于外交会晤、经贸谈判、学术研讨、参观游览等活动。笔译则大多应用于公文往来、商务交流、科学著作与文学翻译等活动。机器翻译就是通过计算机和其他设备进行翻译，其中人工翻译是次要的，只起辅助作用。网络翻译作为一种新兴、快捷的翻译方法，得益于网络的发展和计算机的普及。

按翻译材料的文体进行分类，有新闻、科技、应用、文学和论述等文体。其中，新闻文体又分成新闻报道和新闻评论等。科技文体包含科学类的著作、科学实验报告、情报资料、设备以及产品说明等。应用文体有广告、通知、契约、合同、公函、私信等类别。文学文体包括小说、诗歌、散文、戏剧等。论述文体包括社会科学方面的著作、政治方面的文献以及演说报告等。

全译、节译、摘译、编译是依据翻译活动的处理方式划分的。其中，全译指把原文照本翻译出来，翻译工作者不可以任意增加、删减或者擅自改动，但如果有需要，可以对其进行加注说明或加序评论。节译则是依据文章原来的内容，将原作进行全部或部分节缩并将其翻译出来，但是要保证原文内容的相对完整。摘译是翻译工作者依据实际的需要对原文的中心内容和个别章节进行摘取翻译，摘取的内容大多是原文的核心或原作的概括内容。编译是在对原文进行翻译的基础上，翻译工作者以译文为材料对其进行编辑和加工。

从译文文字的表达方式这一角度，可以把翻译分成直译和意译。

## （二）罗曼·雅各布森的分类

俄国的语言学家、翻译理论学者罗曼·雅各布森（Roman Jakobson）认为，翻译是通过一种语言对另一种语言进行解释的语言符号。（Translation is a linguistic sign that translates one language into another.）从语言学和符号学的角度出发，也就是根据涉及的两种代码的性质，可以把翻译划分成语内翻译、语际翻译和符际翻译三类。这三类翻译几乎囊括了语言的一切交流活动，从而也打破了传统的翻译框架，打开了人们对翻译的认识视野。自此，作为一个概念的翻译领域得到了拓展，翻译方法的研究也到达了一个新的阶段。下面就对这三种翻译类型进行详细分析。

1. 语内翻译

语内翻译指通过同一语言的另一个符号对语言进行阐释。（Intralingual translation refers to the interpretation of the linguistic coincidence through another symbol of the same language.）换言之，语内翻译指同一种语言的不同变体之间的翻译，如把古英语版的《贝奥武夫》翻译为现代英语，把文言文版的《史记》翻译为现代汉语，将广东话翻译为普通话，将行话译为普通的语言；等等。语内翻译就是将同一种语言文字通过相同的语言换一种说法，也就是重新阐释一遍。语内翻译就是古语和现代语的转换、方言和民族共同语的转换以及方言和方言之间的转换。在英语学习中经常被用来解释疑难句子的 paraphrase 也属于一种语内翻译，也就是同一种语言的内部翻译。

语内翻译不一定指向某一个预设的真理，可以不根据预设的真理来走，可以走不一样的路然后到达不同的目的地，但必须使相同文本的出发点一致。有时候，对于意指对象的语内翻译，不必将其完整真实地呈现出来。语内翻译作为一种表现方式，体现着人们精神间的互相交流与沟通，而人类精神文化的创作过程便推动了人类文化的不断发展。通过下面几个语内翻译例句的比较，能够更好地体会到语内翻译的基本内涵。

【例 1】Fire fighters were on the scene when the fire broke out again from the factory.

【译文】The fire flared up again from the factory while the firemen were working.

【例 2】余闻而愈悲。孔子曰："苛政猛于虎也。"吾尝疑乎是，今以蒋氏观之，犹信。

【译文】我越听越悲伤。孔子曾说："苛酷的统治比老虎还凶。"我曾经还怀疑，现在通过蒋氏的遭遇来看这句话，还真是可信。

【例 3】子曰："人而无信，不知其可也。"

【译文】孔子说："一个人如果不讲信用，真不知道他是否可以做成事。"

2. 语际翻译

语际翻译指的是用一种语言符号去解释另一种语言符号。（Interlingual translation refers to the interpretation of language symbols through another language symbol.）换言之，语际翻译就是两种不同语言符号之间的口头或

笔头转换，如把英语翻译成汉语、把汉语翻译成英语等。

实际上，语际翻译是指人们平时说的真正意义上的翻译，也可以说是狭义的翻译。有鉴于此，语际翻译也可以是不同的文化对原文本符号的不同解读，这种解读将所有的原文本符号都放置于一个宏观的文化背景或"非语言符号体系"中。对处在目的语文化中的源语文化符号进行准确的阐释与传译是达到语际翻译对等层面的保证。一个语言符号的指示意义从符号学的角度来看包括三种，分别是语义意义、语用意义、句法意义。实现语际翻译的重点就是怎样准确地去表达这三种意义。

【例 1】No one can easily forgive him for what he has done.

【译文】因为他的所作所为，任谁都不会轻易原谅他。

【例 2】空山不见人，但闻人语响。返景入深林，复照青苔上。

【译文】No wight is seen in the lonely hills round here，

But whence is wafting the human voice I hear?

So deep in the forest the sunset glow can cross，

That it seems to choose to linger on the moss.

【例 3】子曰："学而不思则罔，思而不学则殆。"

【译文】Confucius said："learning without thinking is useless，thinking without learning is perilous."

3. 符际翻译

符际翻译是指通过使用非语言符号系统对语言符号系统进行阐释。（Intersemiotic translation is to interpret verbal symbols by using non-verbal symbol system.）

浙江大学的许钧认为，符际翻译是人类常用到的文字、语言、舞蹈、音乐、绘画等符号之间的翻译。而这些符号之间的翻译还必须能够感知和领悟音乐、绘画、文字以及数理等符号系统。一般情况下，符号掌握得越多，符号间的翻译能力也就越强，感知世界的能力自然也就越强。可见，符际翻译是在非言语层面上对原文本符号的解读。它要做的并非传达原文的意义，而是传达对原文的最直接感受，基于一些相关的物理特征而存在。由于英汉文化的不同，译文很难在长度以及标点符号的使用上对等，但不管怎样，在符际层面上至少要做到外观结构大致上的对等。

### （三）卡特福德的分类

英国的语言学者及翻译理论学家卡特福德从翻译的范围、翻译的层次以及翻译的等级三个角度对翻译进行了以下具体的分类：

一，从翻译的范围进行划分，翻译可分为全文翻译和部分翻译。用译语文本材料对源语文本的每一个部分进行替代就是全文翻译。部分翻译则指源语文本的某个部分或者某些地方没有被翻译出来，这就需要将其简单地移入译语文本中。部分翻译并不是指翻译了一小节或者一部分，而是由于各种原因不能够翻译或者不需要去翻译，有些地方不用进行改动就可以将其搬入译文。

二，从翻译的层次进行划分，翻译可分为完全翻译和有限翻译。翻译分为完全翻译和有限翻译的依据是语音和语法、词汇和词形等翻译的层次。完全翻译是将源语的语法和词汇用等值的译语语法和词汇进行替换。有限翻译是用等值的译语文本材料替换掉一部分源语文本材料。

三，依据语言词素、短语、意群、分句的等级进行划分，翻译可分为逐词翻译、直译和意译。逐词翻译的关键是单词级的等值关系。意译则不受源语文本的限制，可实现上下级间的变动，而且变动总体上趋向于比较高级的等级，还有可能会超越句子的层次。介于逐词翻译和意译之间的便是直译。

## 四、翻译的基本原则

翻译的基本原则是通过翻译实践的标准和衡量译文好坏的尺度来呈现的。不论什么时候，不论在哪个国家，对翻译标准的探讨从未停止过。正是对翻译标准的探讨使翻译理论方面的研究得到不断的发展和完善。在翻译实践的过程中要遵循忠实（faithfulness）和通顺（smoothness）两条基本原则。

忠实指的就是翻译的文章能够准确无误地表达原文的思想、内容以及文体的风格，能够再现原文的特色。翻译并非翻译工作者的自主创作，而是将原作的内容用另一种语言表达出来。在这个过程中，译者必须要保持原文的风格，保留原文的内容、思想，不能随意对其进行篡改和歪曲，也不可以有任何的遗漏或任意的增删。若翻译的文章和原作品不相符，那就不能算是真正意义上的翻译。对翻译工作者来说，只有正确地理解原文，弄懂原文词义、语法之间的关系，才能实现译文对原作的忠实。

【例1】Scientists have set the necessary temperature for herring to survive.

【原译】科学家们设定了青鱼存活所必需的温度。

【改译】科学家们查明了青鱼存活所需要的温度。

【例2】Such a system must be tailored quite closely to the machines it monitors.

【原译】这样的系统必须对监视的机器十分接近地配置。

【改译】这种系统的配置必须十分接近被它监控的机器。

【例3】目的是使领导干部年轻化。

【原译】The aim is to make our leaders younger.

【改译】The aim is to ensure that more young people will rise to positions of leadership.

我们所说的通顺，就是指读者很容易明白译文的思想，并且译文语言通顺、表达自然流畅，切合语言的表达习惯，不会出现文章在词句和内容方面行不通、文字难以理解的现象。

【例4】Darkness released him from his last restraints.

【原译】黑暗把他从最后的顾忌中解放出来。

【改译】在黑暗中，他再也没有什么顾忌了。

【例5】你们有谁想参加春游活动的，就请在周五之前进行报名和交费。

【原译】You whoever wants to join the spring outing should sign up and pay the expenses before Friday.

【改译】If you want to take part in the spring outing, please register and pay dues before Friday.

【例6】学习语言这件事情并不是随便就能够学好的，必须要下苦功夫。

【原译】Language is not something that can be learned casually. It requires hard work.

【改译】Learning a language is not something easy. It requires hard work.

综上可知，翻译必须要遵循目前翻译界公认的忠实和通顺两条原则。事实上，忠实和通顺两条原则之间是相辅相成的。只有忠实却不通顺，读者会看不懂翻译的文章，翻译便没有了意义；但是如果只有通顺却不忠实，就会偏离原文章的内容和风格，这样还不如不译。

# 五、翻译工作者的基本原则和基本要求

## （一）译者在翻译教学中的基本原则

翻译教学有两种相互联系却又各自存在目的性的教学方式，也就是教学翻译和翻译教学。这两种教学模式在我国的外语教学实践中，无论是外语专业的还是非外语专业的，都不能够单独存在。这两者是互相配合、互相补充、缺一不可的，非常切合我国的现实情况以及社会的需要。我国各级教育机构的英语教学从翻译的基本原则出发，制定了翻译方面的基本教学要求。无论是我国英语专业或者非英语专业的英语教学大纲，还是各个英语等级考试，我们都可以从中得知，翻译的忠实和通顺原则始终贯穿于英语教学。我国高等院校对英语专业的翻译教学有以下几项要求：

（1）基础要求：可以把属于中学水平的短语或句子翻译为汉语，并且理解准确，使语句通顺流畅。

（2）二级：可以独自完成所学课程中的各类翻译练习，并且翻译准确，通顺流畅。

（3）四级：可以独立自主地完成课程中的各种翻译练习，要求不能偏离原文，并且语言流畅。

（4）六级：对翻译的基础理论以及英语和汉语两种语言的异同有一些初步的了解，并且要学会一些常用的翻译技巧，可以把中等难度的英语文章或者段落翻译成汉语。译文要契合原文，语言流畅，句子通顺，速度要保持在每小时 250～300 个英语单词。此外，必须能够把中等难度的汉语文章或段落翻译成英语，要求翻译的速度与英译汉的速度保持一致，并且能够担任外国来宾日常生活中的口头翻译。

（5）八级：习惯性地使用翻译理论知识，并且熟练掌握翻译技巧和方法，能够翻译英美等国报刊上的一些文章或者文学著作以及我国报刊上的一些文章和文学作品。每小时翻译的英语单词要保持在 250～300 个，并且翻译的文章要始终忠于原文，保证句子通顺流畅。此外，还要能担任一些外事活动的口头翻译。

我国高等院校对英语专业的过级考试所包括的翻译测试有以下几项要求：

（1）汉译英项目要求应试者必须使用汉译英的翻译理论和翻译技巧，对我国报纸和杂志上的一些论述文、国情介绍，以及一些文学作品的节录进行翻译。速度要保证在每小时翻译 250～300 个英语单词。翻译的文章必须要忠于原意，语句通顺。

（2）英译汉项目需要应试者使用英译汉的翻译理论和翻译技巧，对英美等国报纸杂志上关于政治、经济、历史、文化等方面的论述文，以及文学原著的节录进行翻译。要求翻译的速度是每小时 250～300 个英语单词。翻译的文章要求忠于原著，语句通顺流畅。

虽然我国的一些高校实行的不是英语专业的大学英语教学，但是对翻译教学的要求也是要分等级的。所以，我国高校的非英语专业在英语教学大纲上对翻译的教学要求也就因此被分为了两个阶段。

（1）基础阶段对翻译的基本要求就是要达到四级水平，即可以在词典的帮助下，把低于课本难度的英语短文翻译成汉语，并且要正确理解，使翻译符合原文所要表达的意思，翻译的速度保证在每小时 300 个英语单词左右；同样，要能够借助词典把较为熟悉的汉语材料翻译成英语，没有特别明显的语言错误，符合原文的意思，速度保持在每小时翻译 250 个英语单词左右。

（2）应用提高阶段对翻译有更高的要求，英语水平能达到六级，即能够借助词典，把难度略低于课文难度的英语短文翻译成汉语，做到准确理解，翻译的文章忠于原文，并且翻译的速度要保持在每小时大约 350 个英语单词；或者把汉语的文字材料翻译成英语，使译文和原文所要表达的意思相同，并且没有特别明显的语言错误，速度为每小时大约翻译 300 个英语单词。

应用提高阶段对专业英语翻译的学习要求：能够借助词典把与专业有关的英语文章翻译成汉语，并且能够准确理解，译文忠于原文的意思，翻译的速度要达到每小时 350 个英语单词；还要能够熟练地将相关专业的汉语材料翻译成英语，译文忠于原文，没有明显的语言错误，翻译的速度保持在每小时 300 ~ 350 个英语单词。

应用提高阶段对高级英语翻译的学习要求：能够借助词典把具有一定难度的英语文章翻译成汉语，并且能够准确理解，译文忠于原文、语言流畅，翻译的速度要达到每小时 400 个英语单词；或者通过借助词典把熟悉的汉语文章译成英语，内容完整，语言通顺，译速为每小时 350 个英语单词。

大学英语考试大纲对翻译的基本要求：能够把英语阅读材料翻译成汉语，并且保证翻译内容的基本准确，语言通顺，翻译的速度要达到每小时 300 个英语单词；或者能够把相对来说结构较为简单、由比较常见的词组成的汉语句子翻译成英语，翻译的内容比较准确。由此可以知道，忠实和通顺是翻译实践中必须要遵守的原则。因此，不仅要不断地提高英语和汉语的语言水平，掌握充足的相关知识，还要熟悉英语国家以及我国的一些社会习俗，更要了解这些国家的政治、经济、文化、历史等方面的情况，并且熟练地掌握一些翻译的方法、技巧。

### （二）对译者的基本要求

（1）译者必须具备一定的知识水平。在汉语和英语的基础知识以及专业知识方面，功底要扎实，这是对翻译人员最基本的要求。最起码的条件就是译者要熟练掌握汉语和英语的基本知识。对译者来说，扎实的专业知识是非常重要的。懂新闻的译者才能翻译好新闻文章，懂文学的译者才能翻译好文学作品。

（2）译者要懂得一些包括自然和社会科学在内的知识，这类知识可以不局限于固定的专业范围。此外，译者还要了解国家的地理环境、政治文化、经济发展、军事实力、外交政策、科技、历史文化传统、风俗习惯、宗教信仰、民族心理等。

（3）在语言的转换进程中，译者必须要减少狭隘的对等意识。虽然两种语言在翻译的过程中存在着对等的情况，但是由于各民族在环境、历史文化传统、风俗习惯以及民族心理等很多方面存在较大的差异，这种差异表现在语言上，就必然会使两个民族用不同的词语或不同的表达方式来叙述同一事物或者同一现象。一味地去追求翻译的对等，只会让读者难以读懂译文，没有办法理解原文的思想。例如，把英语中的"level"和汉语的"水平"刻板地对等起来，这样就有可能会将汉语的"英语水平""生活水平""游泳水平"翻译成"English level""living level""swimming level"。但事实上，在英语中它们的对应词应该是"English proficiency""living standard""swimming skill"。

【例1】Today we are here and tomorrow we will go elsewhere.

【译文】今天我们在这儿，明天就去别处了。

【改译】人生如朝露。

【例2】The scientific and the metaphysical tempers still pursue their opposite courses.

【译文】科学及形而上学的性质始终在走着对立的路程。

【改译】科学和形而上学依然还是分道扬镳、大异其趣。

【例3】The tall pine trees on the top of the mountain look as if their long thick branches stroked the white clouds with their fingers.

【译文】山顶上高高的松树，它们长长的、粗大的树枝看上去好像手指抚摸着白云。

【改译】在我们头顶，于山巅之上，有一棵劲松挺立。放眼望去，那修长的枝条好像手指在轻柔地抚摸白云。

所以，在翻译的过程中，千万不要望文生义。翻译工作者应该在正确理解原文的基础上，使用恰当的翻译技巧和翻译方法，尽量实现翻译的忠实和通顺，用贴切的词语或句子呈现原文的意思。下面我们再来看几个关于直译和意译的例子。

【例 4】Because my father knows，and I also know，it will naturally succeed.

【直译】因为我的父亲知道，还有我也知道，它自然将会成功。

【意译】因为我的父亲知道，而且我也知道，所以自然会水到渠成。

【例 5】I gave my youth to the ocean，and by the time I got home to my wife，I was already white-haired.

【直译】我将青春奉献给了海洋，我回到家的时候就把老年留给了我的妻子。

【意译】我将青春奉献给了海洋，等我回到家中和妻子团聚的时候，已经是满头白发了。

【例 6】But Diana's supporters are mostly women. Like many of them，she has a ruthless husband，unhappy in-laws and unfaithful boyfriend.

【直译】但是黛安娜的支持者大多都是女性。就像她们中的很多人一样，她有一个无情的丈夫、不幸福的姻亲、感情不专一的男朋友。

【意译】而拥护黛安娜的大多都是女性。因为戴安娜的遭遇和这些女性中的很多人相似：无情无义的丈夫，婆家人不讲道理，男朋友都是负心汉。

（4）译者必须有爱国主义精神。第一，在顾及我国国情的基础上，明确立场，翻译一些好的作品，分析观点与方法，深入理解和探讨原作品的内容。第二，译者应该让全世界的人们认识和了解中国，积极向外宣传我国的基本路线、指导方针以及国家政策，宣传中华人民共和国成立以来取得的一系列成就，宣传我国的历史文化，努力促进对外交流，推动各国人民的友爱互助。

# 第三节　文化与翻译的关系

文化与翻译都在语言形成与交流中发挥着重要的影响作用，二者相互作用、相互促进。下面就对文化与翻译的关系进行总结。

## 一、文化对翻译的影响作用

文化对翻译的影响作用主要体现在对翻译过程的影响和对翻译形式的影响两方面。

### （一）文化对翻译过程的影响

翻译不仅仅是单纯的两种语言之间的转换，同时还是不同文化背景之间的转换。可以说，文化对翻译过程有着重要的影响作用。

语言学家霍尔认为，翻译不但是两种语言体系的接触，而且是两种不同文化的接触，乃至是不同程度的文明的接触。翻译过程不仅仅由语言因素所决定，还由社会因素和心理因素所决定。

在具体的翻译实践过程中，译者需要考虑具体的交际语境，在文化共识的基础上，对译文进行有针对性的翻译，从而使译入语读者了解原文信息，明确作者所要传达的感情。

翻译主要包括理解和表达两个关键步骤，对文章的理解是译者进行翻译的前提，表达是翻译的最终结果。这就是说，译者要从原文中找到和译入语文化背景相关的部分，针对原文中的文化特色，使用体现译入语国家的生活模式的语言进行得体翻译。在文化对翻译过程的影响下，翻译应该主要分为以下步骤进行：

第一，准确分析和翻译源语中的文化信息。

第二，考虑文化交流的目的。

第三，进行译文文化传达。

文化对翻译过程的影响除了表现在原文文化对译文表达的影响之外，还表现在译者自身文化背景对翻译过程的影响。

译者在翻译过程中，处在自身文化个体身份下，自己的文化取向会在一定程度上表现在翻译过程中。这种影响具有积极和消极两方面。译者应该正视自身的文化身份，进行灵活翻译。

## （二）文化对翻译形式的影响

文化对翻译形式的影响主要是文化强势与弱势的作用。译者在翻译过程中，也会受到文化强弱的影响。这是因为翻译过程带有目的性和倾向性。一般来说，人们总是试图选择强势文化下的作品进行翻译。

翻译本身带有一定的目的性与倾向性，这种文化活动的进行会在一定程度上影响译者的选择。以文学翻译为例，基本都是在不同时期选取一些强势文化下的作品或是影响力强的作品。这种强势文化对翻译形式的影响主要体现在语言的对译过程中。

例如，当古罗马人征服希腊之后，以胜利者的身份自居，这种强势文化在对古希腊作品的翻译中可见一斑。古罗马人以文学战利品的态度对待古希腊作品，翻译时十分随意。

## 二、翻译对文化的影响作用

翻译对文化的影响主要表现在对语言表达的作用、对文学发展的作用、对文化交流的作用三方面。

### （一）翻译对语言表达的作用

在全球文化交流日益密切的今天，跨文化活动的数量也急剧增加。文化交流主要是通过语言进行的，而不同语言之间沟通的桥梁是翻译。在翻译的作用下，不同文化之间的沟通和往来更加密切，对语言表达也起到了丰富的作用。

### （二）翻译对文学发展的作用

翻译对文学的发展也有着重大的影响作用。由于翻译的出现，不同国家的文学作品得以进行传播与交流，从而丰富了世界文学的发展。

例如，由于很多优秀的外国文学作品被介绍到我国，我国读者了解到了不同的文化，同时吸收借鉴外来文化中的优秀部分，结合传统文化进行创作，提升了我国文学的品质。翻译对文化发展的作用还表现在文化观念的交流与融合上。在翻译的中介作用下，新的文化观念不断涌现，使文学发展更加生机勃勃。

### （三）翻译对文化交流的作用

翻译不仅是作品之间的传播、文化之间的传播，同时还是一种文化交流活动。

季羡林先生在为《中国翻译词典》所写的序言中明确指出："只要语言文字不同，不管是在一个国家或民族内，还是在众多的国家或民族间，翻译都是必要的，否则思想就无法沟通，文化就难以交流，人类社会也就难以前进。"①

从季羡林先生的表述中可以看出翻译对人类交流的重要影响作用。大体上说，翻译的实质是为了进行不同文化间思想的沟通与交流。翻译通过克服不同语言之间的障碍，改变语言的形式进行文化意义的传达。这种传达是一种文化的交流活动，沟通着不同文化，同时也丰富着自身文化。

## 第四节　翻译的文化视角转向意义

在国际交流日益频繁的今天，翻译的中介和桥梁作用越来越凸显，如何进行有效翻译，如何提升译文的质量成为译者关心的问题。在不断研究过程中可以发现，单凭翻译知识和技能，是无法提升翻译的有效性的。翻译中的文化因素越来越成为衡量翻译质量的重要因素，因此进行翻译文化视角转向是时代发展的必然，同时也是提升翻译有效性的必然。

在进行文化翻译的过程中，以语义为中心的翻译，为异化翻译，强调语义的适应性；以文化为中心的翻译，为归化翻译，强调文化的适应性。

以语义为中心的翻译主要强调文化的字面属性，也就是试图通过字面意思进行文化的传播，但是这种传播由于文化背景的差异，很可能让读者费解甚至误解。例如，汉语中的"龙"经常被简单地翻译为英语单词 dragon，

① 林煌天主编. 中国翻译词典 [M]. 武汉：湖北教育出版社，1997.

但是英汉两种文化中，dragon 和龙的内涵大有不同。通常英语中的 dragon 为邪恶暴力的象征，但是汉语文化下的龙代表着力量与权力。

以文化为中心的翻译主要强调文化的内涵属性，试图通过字面的语言转换来突出文化内涵，从而进行文化的传播与沟通。随着时代的发展，翻译不仅需要向译入语读者传达相关的文字信息，同时还需要表现出文化内涵。在翻译过程中进行文化视角转向能够提高读者对译文的理解程度，同时还能促进文化之间的传播与交流。

# 第二章 翻译的相关因素

翻译是两种语言转换的过程。翻译过程中处理好逻辑、语法与修辞之间的关系是保证质量的关键。这三者的关系体现着内容（信）、形式（达）与色彩（美）之间的关系。信是对思想内容而言，要求尽可能完全地传达原文的真实内容；达是就语言形式而言，要求译文的语言合乎逻辑、通顺流畅；美是对各种色彩（包括修辞色彩、文化色彩）以及文体风格而言，要求保持原文固有的美，而不是译者强加上去的美。

同时，翻译与文化也是密不可分的。翻译，一方面要适当处理原文的文化色彩，另一方面又要起到文化交流的作用。

# 第一节 文化与翻译

## 一、概说

文化（culture）是人类社会在历史实践过程中创造的物质产品和精神产品的总和。物质产品形成物质文化（material culture），包括人类创造并赋予意义的全部制品，或者说是有形物品，如衣服、学校、书本等。精神产品形成精神文化（moral culture），包括抽象的物质，如语言、思想、技术、制度等。

文化的定义，历来争论颇多。在英语中，culture 这一名词有可数和不可数双重语法和语义性质，这正反映了"文化"概念的双重性，文化可以分成不可数文化和可数文化。不可数文化，即与自然界相对的人类共同文化，如政治、经济、军事、法律、伦理、文艺等，它包括一切人文社会科学的研究对象。可数文化，即与特定群体相联系的各具特点的文化系统及亚文化、文化圈等。只有可数文化才是文化学科所关注的对象。因此，语言与文化的关系之研究要探讨的是语言与可数文化的关系。

# 二、语言与文化

语言是文化的一部分，又是文化的反映。语言忠实地反映了它所属的社会与文化。语言不能脱离文化而存在，它们之间相互作用，相互影响。

## （一）语言，从本质上来说，同宗教、法律、文学等一样，是文化的一部分

一个民族的语言面貌是由该民族的文化所决定的，它是民族文化的一种表现形式。民族文化的价值、观点、准则、习俗等都在民族语言之中烙下深深的印迹。因此，人们可以从民族语言中去寻求民族文化的印迹，揭示其中积淀的文化。

## （二）语言是文化中的一个特殊部分

其他的文化也是通过语言来记录和反映的，因此，语言成为一套记录文化的符号系统。换句话说，语言是文化的载体。文化的传播、学习、交流、保存和继承乃至文化传统的形成都要依赖语言，这就使文化不可避免地要受到语言的制约和限制。

### （三）语言和文化紧密地交织在一起

语言既是整个文化的产物或结果，又是形成并沟通文化其他成分的媒介。一个社会的语言是该社会文化的一方面，语言和文化是部分与整体的关系。语言作为文化的组成部分，其特殊性表现在：它是学习文化的主要工具，人在学习和运用语言的过程中获得整个文化。任何语言都是用以表达文化的，其背后都潜藏着文化。不同的语言要素反映着不同的文化属性，蕴含着不同民族文化心理和不同的文化世界观。

所以，我们说，语言是文化的一部分，又是文化的反映，语言不能脱离文化而存在，它们之间相互作用，相互影响；同时，语言又是学习文化的工具。

## 三、英语、汉语中相同的表达方式

虽然英语和汉语各有自己的文化背景，但由于人类的生活方式、思维方式和思想感情基本上是相同的，因此不同民族的人们观察事物以及表达思想感情的方式也有很多相似之处，甚至有些是不约而同的巧合，在英语和汉语之间可以找出很多这样的例子。

【例1】add spice to( or : spice up )

【译文】添油加醋

【例2】( read )between the lines

【译文】（读书要注意）字里行间

正是因为英语、汉语的表现方式有共同之处，英汉两民族对于某些共同的经历，就会不谋而合地使用某种共同的形象词语，而且在语言的形式和内容（主要是使用的形象、色彩以及含义、联想）上大体相当。

【例3】Strike while the iron is hot.

【译文】趁热打铁（这是从手工打铁的体会中想到的。）

【例4】Wall shave ears.

【译文】隔墙有耳（生活中耳朵总是和"听"联系在一起，那么言及秘密的时候总是怕墙外有耳朵在"听"。）

当然，英语、汉语中这种对应的说法在整体中只是极个别的巧合，可以说是"可遇而不可求"。如果遇到这种情况，一般都可以互译，保留原文文化色彩。

## 四、英汉文化差异在语言上的反映

英语和汉语分别属于两大不同的语系。英语国家的文化背景与我国文化背景有很多不同之处，英语反映英语国家（主要是英国和美国）的文化现实，汉语反映中国的文化现实。所以，英语、汉语在各自的语言系统中鲜明地反映自身文化的特点。

### （一）词汇层上的文化差异

由于英、汉两种语言属于两种截然不同的文化，其各自深厚的文化内涵，在语言上的烙印使得两种语言很少有绝对对应的词汇。大部分词汇不是在概念意义就是在文化意义上表现出极大的文化差异。

在邓炎昌、刘润清合著的《语言与文化》一书中，有一个比较典型的例子，很能说明问题。这就是英语中"peasant"和汉语的"农民"之间的差异。

汉语中"农民"是取其基本意义，无褒贬含义；而 peasant 一词在英语中含有贬义。其实，查一下词典就清楚了。

《新编韦氏大学词典》："一般指未受过教育的、社会地位低下的人。"

《美国传统词典》："乡下人、庄稼人、乡巴佬""教养不好的人，粗鲁的人"。

既然 peasant 有这种含义，美国人和英国人自然会发出疑问：在中国这样一个强调平等的国家里，为什么把广大农村居民称为社会地位低下、没有教养的人呢？为什么称他们是"无赖和流氓"呢？

谈到"peasant"这个词，我们再比较下面的例子：

英语：The poor peasants talked about their happy life today.

汉语：贫农谈到他们现在的幸福生活。

英语使用者看到这句话会感到纳闷：既然是 poor peasant（贫农），怎么还会有幸福生活呢？ poor 在英文中的意思就是"缺钱、缺物、无奢侈品"。他们根本不理解汉语中贫农（poor peasant）和富农（rich peasant）这些词汇的特别意义。

汉语使用者见到这样的句子很容易理解，他们知道"贫农"在特定历史时期含有正面的、积极的含义，而且这个词是指"中华人民共和国成立前的阶级成分"。

有时，英汉两种语言中，一种语言里有些词在另一种语言里没有对应词。

例如，英语中的 cowboy、hot dog、overkill、hippy、beddo 等这些英语文化所具有的词在汉语文化中不存在其对应词。英语的 cowboy 与美国早期开发西部地区有关，关于他们的传说总带有浓厚的浪漫主义和传奇色彩。汉语中的"牛仔、牧童"根本反映不出这些文化意义。

一些反映汉语文化独特风俗习惯、特有事物的词，在英语中也找不到对应词，如"天干、地支、楷书、赤脚医生"等。事实上，由于社会、信仰、传统、生活方式等文化内容的差异，作为客观事物所反映的概念意义就会在不同语言中有不同的表现方式。

英汉两种语言词汇层上还有一种差异就是表现在"文化意义"上的。文化意义指附加在词项的概念意义上的意义，包括内涵意义、风格意义、情感意义、联想意义等与民族文化因素有关的意义。在概念意义相同的情况下，英汉词汇的文化差异主要表现为如下几点：

1.英语词汇有某种文化意义，而汉语对应词无特定文化意义

如"propaganda"一词在英语文化里常有"撒谎、欺骗"等文化含义，汉语中"宣传"一词则无此义。"spiritual civilization"有强烈的宗教意味，而"精神文明"则不含此义。

2.汉语词汇中有某些文化意义，而英语对应词无特定文化含义

例如：汉语中"松树"一词在中国文化中象征"长寿""气节、骨气"，而英语中 pine 一词则不含此义。

3.英汉对应词各有不同的文化意义

如英语中 do-gooder 是个贬义词，意为"空想的社会改革家"，汉语"干好事的人"是褒义的。汉语"平均主义的"含贬义（吃大锅饭的），而英语 equalitarian（平均主义的）具有明显的褒义（平等主义的）。

4. 语法层上的文化差异

英汉两个民族，由于受自身文化的影响，往往从不同的角度来表达同一思想内容，形成矛盾的思维方式。这种表达角度的不同反映在语法层面上主要有如下几点：

（1）肯定与否定

【例1】I am enough of a German to give them to go-by.

【译文】我是德国人，我可不理睬他们。

【例2】Some friend you are. You won't lend me as shilling.

【译文】你真不够朋友。连一先令都不肯借。

（2）单数与复数

【例1】Want to know just what control everyone at this table has.

【译文】我想试试在座诸位到底有多大克制力。

【例2】Different men often see the same subjects in different lights.

【译文】不同的人往往以不同眼光看同一问题。

（3）里与外

【例1】Robinson stepped into the cave and saw eyes glaring out of the darkness.

【译文】鲁滨孙进到洞里，看见一对儿眼睛在黑暗中闪闪发光。

（4）前与后

【例1】But we are getting ahead of the story.

【译文】不过我说到故事后头去了。

【例2】After you.

【译文】请先走（或请走在前面）。

（5）静与动

【例1】The whole city is in holiday array.

【译文】全城披上节日盛装。

【例2】The magistrates sat six days a week at the court.

【译文】该法庭的推事们一星期开庭6天。

【例3】This is an article that carries conviction.

【译文】这是一篇有说服力的文章。

【例4】National Day fall Friday this year.

【译文】今年国庆节是星期五。

5. 语用层上的文化差异

语用意义具有很强的文化特异性。这是因为我们所面对的世界同大于异，但是我们如何看待这个世界，如何表达自己的思想、感情，如何与人交往，却有着相当大的选择余地。

不同的文化有不同的社会习俗和惯例，这是文化差异的一个重要侧面。它们对语言运用的影响是显而易见的。例如，打招呼和告别，英美等国和中国的方式大不一样。

英语里打招呼的方式有：

① How do you do ?　　您好！（初次见面时的用语）

② How are you ?　　您好！（常用语）

③ Hello ! 或 Hi !　　喂！你好！

④ Good morning! Good afternoon! Good evening!

（都相当于汉语的"您好"，只是使用的时间和场合不同而已。）

汉语里打招呼的方式有：

① 您好！

②"吃了吗？"

③"上哪儿去？"（熟人，朋友间用语）或"到哪儿去啦？"

英语道别的方式有：

① Good-bye! Bye-bye! 再见！

② Good night! 晚安！

③ See you later!（明天见！）再见！

汉语道别的方式有：

① 再见！

② 慢慢走！请走好！

以上都是主人送客人时说的。客人会对主人说：请留步！不送啦！等等。

通过以上比较，我们发现英汉两种语言在打招呼和道别的用语上有相同的地方，如"How are you！"和"您好！"；"Goodbye！"和"再见！"当然也有不相同的地方，这就是文化差异在语言运用上的反映。

在英语国家，许多人见面习惯用名字称呼别人（如 John，Tom，Smith），不仅年龄相近的人之间如此，年龄悬殊的人之间也是如此，社会地位不同的人们之间也经常这样，但双方并不觉得不尊重对方。这与中国的习惯完全相反。中国学生见到老师必须称"老师"或"某老师"，这种称呼带有汉文化色彩，译成英语就是个问题：是直接称 Teacher 还是 XX Teacher 呢？这两种称呼都不符合英语习惯。

另外，在中国，称呼别人时，习惯于称呼此人担任的职务，在前面加上姓，如"张校长、王科长、刘经理、李局长"之类的。如果没有职务，可以称"某师傅"或在姓的前面加上"老"或"小"来进行称呼，这种称呼也是具有中国文化特色的。英语国家的人很少使用这种模式的称呼，而是直接称 Mr... 即可。英语中仅有少数职业和职务可以用于称呼，如医生或博士可称 Doctor；法官可称 Judge；教授可称 Professor；州长和市长可称 Governor 和 Mayor，且往往只称 Governor 或 Mayor 即可，不必带姓名。

英汉两种语言在祝贺、赞扬、道谢、道歉、请人帮忙等方面的语言运用上也都有很大的差异，请看下面的例子。

例：Your English is excellent. Really quite fluent.

对于这样一句称赞的话语，英语使用者的回答很简单：

Thanks.

而中国人则会说：

No，no. My English is quite poor.（不，不，我的英语说得很不好。）

这是文化差异所造成的。一般来讲，英美人士听到赞扬，回答时表示接受赞扬，中国人则往往表示受之有愧。

6. 颜色词上的文化差异

英汉两种语言中，都有许多表示颜色的词语。就数量上而言，英语和汉语中表示颜色的词多寡不一。汉语里除去复合和区分雅俗之别的说法，常用"赤橙黄绿青蓝紫"来描绘各种颜色；而英语中有十一种基本色彩表达法：black、white、red、yellow、green、blue、brown、purple、pink、orange、gray。这仅仅是数量上的差异。

颜色词的产生、丰富、发展和词义的演变都与其社会历史和文化背景分不开。英汉语言中的色彩词都有丰富奥妙的文化含义，在不同的文化中产生不同的联想。

red（红色）：在英语国家和中国，红色往往与庆祝活动或喜庆日子有关。英语中有 red-letter day（纪念日，喜庆的日子），在西方一般指圣诞节或其他节日，因为这些日子在日历上是用红色标明的。所以，red-letter 的转义就是"可纪念的；喜庆的"。这是英汉语言中表红色的词相同的一面。

但是，英语中 red 一词也有危险、赤字、流血等含义，这可能是因为红色是鲜血的颜色，看见鲜血总是不好的象征。Red light（红灯、危险信号）、red line（危险的警戒线）、a red battle（一场流血的战斗）、get into the red（开始亏损、负债）、a red light district（红灯区）等。

再看看其他色彩词上的不同含义。

英语中用 green-eyed 表示"嫉妒"，汉语却说"眼红、红眼"来表示同一概念；英语中用 Yellow Pages 表示"黄色电话查号簿"（分类电话簿），汉语说"黄色书"指色情方面的书籍，意义完全不同；英语有"be beaten black and blue"，汉语却用"被打得青一块紫一块"，英国人喝"black tea"，中国人喝"红茶"，其实是同样的茶，只是用的颜色词不一样罢了；英语用 be in the black 表示"盈利"，汉语不用颜色词来表达；英语用 green、greenback，long green 指"美钞"，表示金钱，中国人却说"白花花的银子"。如此种种的差异，不胜枚举。

7. 英汉成语上的文化差异

谈到语言文化内涵不同这个问题，就不能不谈到成语的理解与成语翻译和语言文化特征研究之间的关系。从某种意义上说，成语具有强烈的文化特征、丰富的文化内涵，是语言的核心与精华。成语作为某一社会集体文化、历史观念的反映，最集中、最深刻地体现出不同语言文化特征的全貌，处理文化差异成为成语翻译成功与否的关键。

英汉两种语言在成语上的文化差异最主要表现在比喻和联想两方面。所有的语言中都有比喻，比喻使语言生气勃勃、形象鲜明。英汉语中的比喻手段非常丰富，请看下例中的比喻性表达法。

【例 1】look for a needle in a haystack

【译文】大海捞针

【例 2】like a rat in a hole

【译文】瓮中之鳖

以上两例中，英汉语中的成语的喻体不同，但表达同样的意义；在例 2 中，英汉语的表达方法也不一样。

【例 3】with one's tail between one's legs

【译文】夹着尾巴

【例 4】fist in troubled waters

【译文】浑水摸鱼

例 3 和例 4 是英语和汉语设喻相同，喻体和喻义都基本一致的情况。

人们经常把某些品质或特征与某些事物或动物联系起来，这些品质或特征又往往能使人产生某种反应或情绪。人们联想到的特征和所引起的情感也往往因民族不同、文化不同而各异。下面，笔者简略谈谈一些比喻及其在不同文化环境中所引起的联想。

【例 5】He's as sly as a fox.

【译文】他狡猾得像只狐狸。

此例中的比喻及其引起的联想在英汉两种语言、两种文化中是相同的，但这种情况极少见。

【例 6】as timid as a hare

【译文】胆小如鼠

英美人士心中的兔子是胆小的象征，而中国人认为兔子是敏捷的象征。所以中国人说"静如处子，动如脱兔"。汉语表示胆小时，用"鼠"这一动物形象。这是某些相同动物在英汉两种语言、两种文化中所产生的不同的联想。

英汉语中，引起不同联系的事物和动物有许多，其主要原因是文化背景不同。这种情况大致上可以分为两类：第一，有些动物或事物在两种文化中人们都会联想到某种特征，但所联想的特征不同。第二，在一种文化中提及某些事物或动物往往可以联想到某种特征，而在另一种文化中却联想不到任何特征。在翻译时尤其要注意这些文化中存在的不同。

## 五、词义的文化背景

词义除了各种附加色彩，如形象色彩、感情色彩、宗教色彩等，还会有其他各种文化背景。这种具有特殊文化背景的词语，具有一定的形象，翻译时不应该以译语形象去替换，否则会使译文与上下文的文化气氛发生冲突。

【例 1】meet one's Waterloo 不宜译作"走麦城"，而应译作"遭到惨败"。

【例2】teach one's grandmother to suck eggs 不宜译成汉语的"班门弄斧",而应译作"多此一举"。

词的文化因素会使不同民族人民心目中产生不同的语感,例如,由于地理因素,在说英语民族人民心中,西风是温暖的,这有些像汉语的东风。

【例3】It's a warm wind, the west wind, full of birds crying.

【译文】那是温暖的、万禽争鸣的西风。

而中国人所喜爱的是东风,东风是温暖的,能使草木萌芽、万物生长,仿佛和春风相似。

在中国人心目中,东风总是和春天联系在一起,西风往往是和寒冷、冬天联系在一起的。翻译时,需考虑文化差异,根据上下文情况加以调整。如例3中的西风可以换用"春风"代替来翻译:那是温暖的、万禽争鸣的春风。

翻译是一种语言转换活动,在这一活动中译者自然而然地进行着文化转换。文化渗透于语言的各个层面,如语音、词汇、句子、语篇等。在翻译过程中如何传达原文中的文化内容与文化色彩,使译文在各个不同层面上与原文达到对等,就成为译者的一项重要任务。

# 第二节 逻辑与翻译

## 一、概述

逻辑(logic)指的是思维规律和规则。思维是人类所特有的能力。简单地说,动脑筋、想问题就是思维。逻辑思维是人类意识活动的高级形式,是客观事物和现象在人们头脑里间接的、概括的反映；它借助于语言，运用概念、判断、推理等手段来反映事物内部的本质联系及其规律。

人们说话、写文章，无非是要说明某个问题，或者论述某一个观点。说明问题，要尽量说得清楚、准确，首先要思维严密、思想明确。所以我们常会听到这样一些说法：

"某人的文章逻辑性很强。"

"某某的讲话不符合逻辑。"

这就清楚地说明了逻辑在语言运用中起着重要的作用。在语言的运用当中（翻译也是语言运用的活动），语法、修辞和逻辑的关系极为密切，它们往往是水乳交融在一起。形式逻辑是研究思维在语言中的表现形式，如果语言形式用错了，就不能如实反映说话人的思想了。

## 二、逻辑与语言的关系

从历史上看，人类正是在语言的帮助下才逐步地在实践的基础上发展了自己的逻辑思维。不论人的头脑中会产生什么样的思想，也不论在什么时候产生，它只有在语言材料的基础上，在语言的术语与词句的基础上才能产生和存在。人的思维与语言有着直接的联系，语言的好坏，也就同"合不合逻辑"分不开了。实践证明：语法、修辞、逻辑是决定语言运用好坏的三个密不可分的主要因素，而逻辑又可以反转来检验语言运用的质量，并发现问题。

逻辑是研究思维活动的。思维存在于人们认识过程的理性阶段，思维的具体内容是概念、判断和推理，判断和推理都离不开概念。概念同语言的词语之间有着密切的联系，词语是概念的语言形式，概念是词语的思想内容。这就说明，翻译要做到正确与生动，必须借助于思维的逻辑和语言的逻辑。也就是说，不仅思维必须符合逻辑，语言也同样要符合逻辑。

人们运用语言就有一个合不合逻辑的问题。人们思考问题、认识事物，总是要运用概念加以判断，进行推理。在思维过程中，如果概念不清、判断失误、推理有错，就会影响思维的效果，就不能正确认识事物，话就说不好，文章就欠通顺。逻辑可以帮助人们正确地运用语言进行表达，获得预期的效果。

## 三、逻辑与翻译的关系

翻译也是运用语言的活动。翻译要达到准确、通顺与形象再现，就离不开逻辑性。翻译的逻辑性也就是合理性，翻译必须合理地运用逻辑思维的形式和方法，使译文达到概念明确、文理通顺、结构严谨，能够起到与原文同样的效果、同样的作用。

翻译过程是一个复杂的心理过程。翻译是一种包括思维过程和表达过程的高度的脑力劳动，它经过对原文的文字理解以及对原文思想内容的理解，用原文语言进行思维并将所理解的内容形成一个概念或意象，并用译文语言进行思维而形成概念或意象，最后用译文语言将这一概念或意象表达出来。翻译的全过程是一时一刻也离不开逻辑的。

### （一）理解原文离不开逻辑

理解原文是一个极其复杂的思维过程。逻辑对于翻译，比之写作，显得更为重要。这是因为写作时仅仅是思维和表达过程需要运用逻辑。而翻译时不仅在思维和表达过程中，而且在理解原文的过程中也要运用逻辑思维。加之，在理解原文这个极其复杂的过程中，必须运用全部的知识、经验以及智慧对原文进行推理、分析、理解，才能获得原文所表达的含义。理解一个句子必须经过语义辨析、语法分析和逻辑分析三方面的相互作用。对于与汉语无亲缘关系的英语而言，逻辑分析显得尤其重要。

文中的具体词义也要通过逻辑分析。英语同汉语一样，拥有大量的多义词。对于多义词在一定的上下文语言环境中的确切词义之确定和理解主要是一种逻辑分析活动。理解词语的意义主要是指确定词语所指的概念。明确多义词在特定的上下文环境中所指的具体概念，主要是通过逻辑分析的方法来进行的。理解词义往往需要运用概念、判断和推理等思维形式和方法。

【例1】(a) Quite a few engineers ran out of the office to the machine.

【译文】许多工程师跑出办公室奔向机器。

(b) The pilot has run out of his own fuel.

【译文】飞行员已将他的燃料耗尽。

本例 a、b 两句都含有 ran out of 这个词组，由于具体的搭配不同，在语义上有很大的差别。根据上下文进行逻辑判别，可排除 ran out of 的多义性，确定在具体的句中所表达的语义。

【例3】(a) We must have a break.

【译文】我们必须休息一下。

(b) Suddenly the line went limp. "I am going back." said Smith: "We must have a break somewhere. Wait for me. I'll be back in five minutes."

【译文】电线突然耷拉下来。史密斯说："我回去看看。一定是某个地方断了线。等一下，我五分钟就回来。"

此例中，第一句中的 have a break 是取其常用意义；而第二句中，由于受一定的上下文所限制，通过逻辑分析我们知道 have a break 表示的是"断了线"之义，所以电线才耷拉下来。

## （二）结构分析离不开逻辑

一般来说，语法分析可以帮助我们解决许多对原文语言结构方面理解的问题。但是有些问题，仅靠语法分析是不行的，这时必须借助逻辑分析。逻辑分析可以帮助我们弄懂许多语法分析不能解决的问题。

【例 1】the man in the arm chair reading a newspaper.

此例中的 reading 短语修饰说明 the man，而不是说明 the arm chair。判定这一关系不是根据什么语法分析而仅仅是靠逻辑分析。我们知道能读报纸的只能是人。此外，在对原文进行理解时，确定否定的范围和否定的对象等都离不开逻辑分析。当然，各种关系的理解，如原因、条件、让步等，以及句子结构、名词所有格、模糊的状语修饰引起的歧义等，都需要通过逻辑分析得以正确地理解和判别。

## （三）准确表达离不开逻辑

经过逻辑分析后，对原文得以正确理解，这时就进入如何用目的语准确表达的阶段。由于使用英汉两种语言的人民在历史文化背景、传统习惯和思维逻辑上的不同，反映在语言表达方式上的差异会很大。翻译时译文必须遵循目的语的逻辑表达习惯和顺序，译文读者才能够理解，并获得与原文读者同样的感受。

【例1】"You haven't finished your homework, have you？"

The student shook his head and said，"No, I have not."

这里必须把 shook his head（摇头）译成"点头"，把 No（不对）译成"是的"。英汉两种语言表达方式上的不同是英语使用者和汉语使用者各自思维方法上的反映。从上例我们可以看出：英美等国家的人回答问题时，是以事实为根据的，而我们中国人回答对方提出的问题时，则是根据自己是否同意对方提出的问题来进行回答，以问题为根据的。所以译文必须依照汉语的语言逻辑，合乎汉语的表达方式。以上例句可以译成：

"你还没有完成作业，是吗？"

学生点点头，说："是的，还没有。"

如此，译文才符合中国人的习惯和思维逻辑，符合汉语的表达方式，准确再现原文意义。

【例2】They had barely enough time to catch the train.

【原译】他们仅有足够的时间赶上火车。

【改译】他们差点儿没赶上火车。

以上译文，由于受到英语表达方式的影响，语言上"洋"化现象严重，在译文表达上不符合目的语的语言逻辑和表达习惯，译文读者就不可能得到与原文读者大致相同的感受。改译之后，读起来自然流畅，读者方可接受。

## （四）译文检查离不开逻辑

逻辑是检查译者对原文理解是否正确，译文表达是否得当的一个重要手段。我们知道，译文合乎逻辑不一定就正确，但译文不合乎逻辑却几乎可以肯定译者在理解方面或表达方面有问题。

【例1】We realized that they must have become unduly frightened by the rising flood, for their house, which had sound foundations, would have stood stoutly even if it had been almost submerged.

【原译】我们想他们一定被上涨的洪水吓坏了，因为他们的房子基础坚实，即使快遭水淹没了，也会屹立不倒的。

分析：原译在逻辑上有毛病。原译首先提出论断"我们想他们一定被上涨的洪水吓坏了"，按理，后面的论据应该能证明论断的正确性。可是，原译提出的却是相反的论据：我们认为他没有理由害怕。这样，原译造成由论据推断不出论断的结果，而且犯了论据直接反驳论断的错误，所以，原译中的因果关系存在着逻辑的错误。造成误解的原因在于没有准确理解unduly（不适当地；过分地）的词义，原文指的是：过分的害怕，不必要的担心。这里含有一种主观的评判，而"吓坏了"只是客观地强调受惊吓的程度。

【改译】我们认为，他们对上涨的洪水过于担忧，因为他们的房子地基坚固，即使差不多被洪水淹没，也不会倒塌。

此外，在表达方面，还需要检查所选用的词语是否能在一定的上下文中连用，在意义上是否合乎逻辑，从而准确选择词语。

【例2】Our policies are limited.

【译文】我们的政策是有局限性的。

句中limited一词的基本意义是"有限的"。但是汉语中"政策"这一名词习惯上不与"有限的"这个形容词进行搭配。因此，翻译时只有将limited改译为"有局限性的"或"受到限制的"，才符合汉语的语义逻辑。

【例 3】After all，all living creatures live by feeding on something else，whether it be plant or animal，dead or alive.

【原译】因为，毕竟所有活着的生物，无论是植物还是动物，死的还是活的都靠吃某种别的东西生存。

这里，译文可能只注重了表达上的通顺流畅，而忽略了其逻辑性。"活着的生物"竟然还包括"死的"，后半句中"死的"还要"靠吃某种别的动物生存"，这显然是不合逻辑的。所以可以肯定译者在理解原文时有问题。文中 it 究竟指什么呢？根据逻辑分析，it 只能指 something else，而不是像以上译文中那样代替 living creatures。此句可以译成："所有活着的动物毕竟都是靠吃别的东西而生存的，而不管这些东西是植物还是动物，是死的还是活的。"由此可见，英汉两种语言的差异是来自不同民族的思维方式和思维角度，所以解决翻译问题、检查译文质量，就必须以译入语的语言逻辑为准绳。翻译的时候必须养成从逻辑上判断自己的译文是否准确的习惯，一旦发现译文不合乎逻辑，就需要重新思考。

## （五）结语

根据以上分析我们知道，翻译是一种运用语言的活动，整个翻译过程是进行思维的过程。翻译中的语言活动和逻辑思维是不可分割的。并且，翻译不是单纯运用外语思维的过程。翻译过程中，译者是使用两种语言交替地进行着思维：用原文语言进行判断、推理、分析、理解，获得原文的内容，形成一个概念，再用译文语言进行思维，形成概念或意象，最后按照译文语言的逻辑，运用语言的表达方式来表达这一概念或意象。

逻辑作为研究思维的规律、形式和方法的科学，对于英汉翻译具有十分重要的指导作用。逻辑有助于译者合理地分析原文结构，正确地理解原文思想，准确地表达原文内容，真实地再现原文文体风格，严格地检查译文质量，恰当地润色译文语言。因此，逻辑必须运用于翻译活动的全过程，逻辑与翻译的关系密不可分。

## 四、英汉两种语言在逻辑思维上的差异

文化背景和传统习惯的不同，必然会影响到思维方法上的不同；而思维方法上的差异，又总是要体现在语言的表达上。从理解的层次考察，语言是文化的形式、文化的表层结构；文化是语言的内容、语言的深层结构。两种语言文化的差异，归根结底，首先是逻辑思维的差异。

在思维方式上，西方人理性思维发达，具有严密的逻辑性与科学性；而与之相反，中国人直觉思维发达，具有较强的情感性和直观性，中西方的思维方式和角度一直迥然不同。而语言是思维的直接现实，换言之，语言是思维的物质外壳。所以，中西方在语言表达上必然存在着显著的差异。

奈达在其《语言文化与翻译》中指出："就汉语和英语而言，也许在语言学上有一个重要的区别，就是形合和意合的对比。"[1]英语的句子结构重形合（hypotaxis），汉语的句子，结构多采用意合法（parataxis）。重形合的英语，句子成分主要是由连接词贯通表达逻辑关系，而可以不按时间或逻辑顺序排列，在句子结构上就可以前挂后联，组织十分严密，但词序比较灵活。

---

① 尤金A·奈达.语言文化与翻译[M].严久生，译.呼和浩特：内蒙古大学出版社，1998.

所以英语的句子，关系分明，结构严谨，词义明确。重意合的汉语，句子成分往往较少用连接词衔接，句子结构依照时间顺序和逻辑顺序排列，词序较固定，而且语法上的主语和逻辑主语一致。所以，汉语主要是靠语序表示逻辑关系，结构较松弛，词序清晰而简练。

由此可见，既然两种语言的差异来自不同民族的思维方式和思维角度，所以解决翻译问题，衡量译文质量，也就必须以目的语的语言逻辑为基本准绳，必须从逻辑上判断译文是否准确，是否合乎习惯、合乎逻辑。

**（一）两种习惯和逻辑思维上的差异，英汉语有时会从不同的侧面表达同一概念**

例如：

Keep dry！谨防潮湿！

Wet paint！油漆未干！

Hunger march. 反饥饿游行。

Did I get your address right？我没有弄错你的地址吧？

Make yourself at home. 请不要客气。

**（二）两种文化传统和逻辑思维上的差异，英汉语用不同的顺序来表达内容重点**

英国人习惯于开门见山，先说明重点，表明态度和观点，再叙述事物的原因。中国人喜欢先摆明事情的来龙去脉，再表明自己的态度和观点。

【例1】I am glad to meet you.

【译文】见到你很高兴。

【例2】Many thanks for the dinner yesterday，which my wife and I enjoy every much.

【译文】我和我妻子对昨天的晚宴感到极其愉快，深表谢意。

【例 3】I am much delighted to hear you have passed the examination.

【译文】听说你已通过考试，（我）非常高兴。

此外，英美等国人和中国人的思维习惯不同，反映现实要素的顺序也不一样。

英语的顺序是：

某一主体—主体行为—行为客体—主体行为标志。

汉语的顺序是：

某一主体—主体行为标志—主体行为—行为客体。

在语序方面，英汉语间存在很大的不同，具体的差别主要在于状语的位置往往是不相同的。

英语的语序是：

主语—谓语—宾语—状语。

汉语的语序是：

主语—状语—谓语—宾语。

由于思维习惯的不同，反映在句子成分的安排上就有差异。英语句中谓语和宾语都是尽量靠近主语，状语往往被置于句首或句尾。而汉语句子往往是在主语和谓语之间插入大量的状语作为修饰语，然后谓语和宾语才出现。

请比较以下例子：

I met him on the way home yesterday afternoon.

我昨天下午在回家的路上碰到了他。

He is studying English diligently at school now.

此刻他正在学校勤奋地学习英语。

### （三）两个民族在逻辑思维上的差异，英汉语言采用不同的顺序表达新旧信息

根据新旧信息的逻辑顺序来分析，可以看出英美等国人习惯上总是把新信息先表达出来，把已知信息放在句尾；而中国人往往是先表达已知信息，最后才点明新信息，遵循"先旧后新，先轻后重"的原则。

【例 1】What would you like to have for supper ?

【译文】晚饭你喜欢吃点什么？

【例 2】This book on the table is really interesting.

【译文】桌子上的那本书真的很有意思。

在例 2 中，新信息也是分别置于句首（英语）和句尾（汉语）。

## 五、逻辑分析与正确翻译

从逻辑学的角度看，英汉翻译就是根据英语的语言材料，运用汉语进行第二次思维活动的过程。在翻译中，正确运用逻辑思维形式和方法，对于深刻理解原文，确切表达原文的思想内容，再现原文的修辞效果起着积极作用。但是，常有这样的情况，原文本身没有什么逻辑错误，而译成汉语后就会发现有不合逻辑的现象。其中最主要的原因就是没有深入理解原文的内容，用译文表达时忽视了逻辑分析。

【例】The patient had a terrible headache.

【译文】病人头痛得很厉害。

我们不能用汉语的"病人有厉害的头痛"这样的句子来表达以上英语

句子。在思维逻辑上这句英语是把"人"处于主述位,而汉语中则需明确"头"为主述位。

在英汉翻译时,应考虑两种语言思维逻辑上的差异这一因素,进行逻辑分析,准确地用汉语思维方式去转达原文的内涵,再现原文风采。

## （一）符合客观事实

事实是指客观存在的事物。说话、写文章必须反映客观事实,才能言之成理,合乎逻辑。否则必然文理欠通,令人费解。翻译的宗旨就是再现原文内容,如果原文反映的是客观事物,译文必须符合这个事实,避免逻辑不通。

## （二）概念表达清楚

概念的表达与词的结合有密切的关系。孤立的一个词,无所谓逻辑不通、概念模糊,但词与词一经结合,构成短语或句子、段落等,就会产生逻辑的通与不通的现象。原文的思想内容,即概念,是把原文词语结合起来表示的,这种结合就是概念的语言表现形式。翻译就是把原文词语表达的概念用译文的语言形式准确地再现出来。同一个概念,有时可以用不同的语言形式表达;反之,同一个语言形式,在不同的上下文中也可以表达不同的概念。翻译过程中,要确切、透彻地理解原文语言形式所表达的概念,然后用合适的词语形式表达出这一概念,要注意避免出现逻辑不通、概念模糊等现象。

概念是翻译中始终要牢牢把握的要素。在翻译时不能够随意改变原文所表达的概念（不能偷换概念）,不能无根据地扩大或缩小概念的外延或内涵。

### （三）保持逻辑一致

在思维过程中应当首尾一致，不能前后矛盾。翻译时，在译文中不能出现前后抵触，也就是人们常说的"不能自圆其说"或"前言不搭后语"的现象，这种现象在逻辑上被称为自相矛盾。翻译时如果对词语所表达的概念理解不透，或是粗心大意，就会出现违反事实、不合情理、前后矛盾、上下脱节、含混不清、不知所云等情况。

【例】"You shouldn't be discouraged." mother said to us. We shook our heads.

从逻辑上看，此句中的 shook our heads 这个短语，在这个特定的上下文中表示的是同意 mother 所说的话。那么，翻译时就不能译成"摇头"，而只能译为："你们不必灰心丧气。"母亲对我们说。我们都点头同意。

### （四）注意前后呼应

一个句子，甚至一个段落或篇章，有时候孤立地看，似乎翻译得很不错，语法正确，语义清楚。可是一经联系其上下文语言环境，就可能有问题。所以，在翻译过程中，词语的正确选用，除了需要考虑句子本身所含的意义之外，还需顾及上下文之间的衔接、前后呼应。理解原文必须从整体上进行分析、综合，厘清句子意义的实质，理解是前提，在正确理解的基础上，才能在译文中进行恰当而又准确的表达。当然，用译文表达时，同样要注意考虑整个上下文语言环境来进行遣词造句。

### （五）逻辑层次分明

层次分明，指的是人们在思维过程中，应以客观事物的相互关系为依据，处理好层次关系。英汉语的叙述层次各有自己的特点，所以理解英语时，要注意其表义的层次，厘清各层次间的关系。在翻译时，还需遵循汉语的表达习惯。

一般而言，英语倾向于简练和含蓄的陈述，往往进行跳跃式的推理。汉语则相对地倾向于直截了当的陈述，往往进行按部就班的推理。理解英语原文时，就必须注意语言逻辑层次的省略（亦称逻辑缺层）和逻辑并层。

## 六、翻译中常用的逻辑思维形式

我们知道，逻辑和思维、逻辑和语言之间有着密切的关系。逻辑是研究思维活动的，思维是语言的内容，语言是思维的物质外壳。人们认识客观事物以及用语言来反映客观事物，都必须使自己的认识合乎规律。不合逻辑的话语或文章，必定使人难以理解。就翻译活动而言，语言和思维的关系是一种表里关系，可以说，翻译作为交际活动的工具，人们使用的是一种外部语言，而翻译作为思维活动的工具则是一种内部语言。语言是人们进行翻译的外部实践活动，思维是人们进行翻译的内部认识活动。思维的基本形式就是概念、判断和推理。

翻译也是一种语言活动。在翻译的过程中，自觉地运用逻辑思维的基本形式，对于正确表达原文的思想内容，再现原文的修辞效果，提高译文质量等，都有十分重要的意义。

翻译活动中常运用以下几种思维的基本形式：

### （一）依托语言环境，做出合理判断

正确的思维逻辑是建立在正确判断的基础之上的。判断是对事物的情况有所肯定或有所否定的思维形式，判断稍有不慎就会出现错误，就不能准确传达原文的内容。

英语中有大量的多义词语，在进行翻译时，有时候难以确定它的确切含义。这时必须根据原文的上下文语言环境，做一番由表及里的思考，运用逻辑思维的基本形式之判断的方法，把词语的概念判明。

【例1】A business must stay in the black to keep on.

【译文】一个企业必须盈利才能维持下去（in the black，盈利）。

## （二）根据已知前提，进行逻辑推理

除了正确判断，还必须精确推理。逻辑中的推理是根据已有的判断即前提，推出一个新的判断。我们在翻译中必须运用这一思维形式，对一些直译后会造成的概念不明、逻辑不通的词语和句子，根据上下文或其他客观事实这个前提，做一番推理，把原文含义合情合理地表达出来。

【例】People do not know the value of heal till they lose it.

此句的含义是"人不到失去健康，不知道健康的宝贵"，而不是"人直到他们失去健康也不知道健康的可贵"。

## （三）运用衔接手段，保证语气贯通

贯通就是在判断、推理的基础上，全面领会原文中上下文的含义以及前后文的逻辑关系，然后选用恰当的翻译技巧，使译文在整体上衔接自然，融会贯通。无论说话还是写文章，句与句之间，段与段之间都有衔接自然不自然的问题，注重上下衔接，逻辑严密，语气贯通，就能更好地发挥语言的交际作用。英语和汉语一样，上下文之间的衔接，有的靠形联，有的靠意联；有时借助词汇手段，有时靠严密的逻辑顺序。译文中根据目的语语言的习惯，按照不同的需要，选用合适的语言手段，把原文表达的思想内容上下紧密地衔接起来。

## （四）恰当运用引申，使译文符合逻辑

【例】Put out the light，and then put out her light.

【译文】熄灭室内的灯光，而且熄灭她的生命之光（两个 light 分别为本义与引申义）。

为了使译文符合逻辑，必须恰当地运用引申。

# 七、小结

翻译过程是进行思维的过程，也是运用语言的过程，翻译中的思维活动和语言活动是不可分割的。逻辑作为研究思维的规律、形式和方法的科学，对翻译活动具有十分重要的作用，它对理解原文内容进行指导，对表达原文内容进行推敲和检验。因此，逻辑应运用于翻译的全过程。从逻辑学方面而言，翻译中主要采纳形式逻辑中的概念和判断两种基本形式和分析、综合方法。此外，语义贯通和合理引申也都是根据概念、判断和推理而进行的。由此可见，在翻译过程中正确运用逻辑思维的基本形式，对于透彻理解原文、确切表达原文思想内容有着十分重要的意义。

# 第三节　修辞与翻译

任何一个语言表达单位，首先具有一定的思想内容，其次具有与之不可分割的某种色彩。在翻译过程中，必须厘清原文带有什么样的色彩意义，这种色彩意义是用什么样的修辞手段来表达的，以便翻译时在正确表达原文思想内容的基础上，进一步研究如何对等地再现原文色彩和表达效果。翻译的使命在于沟通信息，传情达意，它要求译者在使用译语进行表达、

再现时，必须在神、形、韵上尽可能地与原文保持一致。因此，译者下功夫锤炼语言，是保证翻译技巧达到纯熟最重要的环节。

人们通常把修辞分为消极修辞和积极修辞两大类型。在翻译过程中，它们实际上是两个阶段。在消极修辞阶段，炼词是修辞的基本任务，而在积极修辞阶段，炼句则是修辞的基本任务。这二者是相辅相成的，其目的均在于传神达意。

# 一、概述

修辞（Rhetoric）一词在中国古籍中出现很早。《左传·襄公二十五年》中说过："言之无文，行而不远。"用现在的话来解释说，言辞如果没有文采，虽能行于一时，但不可能传之久远。由此可见修辞的重要。

修辞学所研究的是，如何竭尽语言文字的可能性来恰当地表达一定的思想内容，也就是在表达过程中的语言运用。这种语言运用具体地体现在一定的语言手段和表达方式上。

## （一）修辞的概念

修辞是运用语言的艺术。人们在表达思想的时候，不仅要通顺，还需要在通顺的基础上，根据题旨、语境，非常准确而鲜明、生动地表达自己的思想感情，使语言的表达具有感染力量。修辞就是调整、润饰语言，换句话说，为了更好地表达思想感情，充分发挥语言的交际作用，根据题旨、情境，选择最恰当的语言形式来加强表达效果的语言活动，就是修辞。

修辞就是运用各种形象性手段和表达方法，把话说得或把文章修饰得更加生动活泼，使语言表达更加准确、鲜明、生动、有力，以加强抒发感情、表达思想的功效。修辞同语法上的各种附加成分的修饰不同，语法的修饰只求正确，只求合乎语法的正常规律；而修辞，则不仅要求正确，而更重要的是要求美，以便对听者或读者产生更大的影响力和感染力。

修辞同语言的各要素——语音、词汇、语法都有着十分密切的关系。毫无疑问，语言形式的选择与加工都离不开词语的增删、换改，离不开句子结构形式的变动，离不开对词语声音的调配与斟酌。修辞必须建立在这些语言要素的基础上，才有"选择"的可能。所以，修辞是对语言各要素进行综合运用的手段。

## （二）修辞的原则

调整、修饰语言都是为了符合题旨、情境的要求。题旨、情境是修辞的重要依据。所以，在语言的修辞过程中，必须遵循以下原则：

（1）必须依据表达的内容和目的进行修辞。

（2）必须根据具体的语言环境进行修辞。具体的语言环境指的是上下文、场合、对象等。在书面语言中，一篇文章、作品是一个完整的统一体。所以修辞还应注意语言的前后照应等方面。

（3）必须依据语体特点进行修辞。

## （三）修辞的范畴

从修辞的范畴来看，人们通常将其分为消极修辞与积极修辞两大类型。陈望道先生在其《修辞学发凡》一书中也提出过消极修辞和积极修辞的问题。实际上，在翻译过程中它们可以被视作两个阶段，消极修辞的目的在于使人"理会"，积极修辞的目的是要使人"感受"。因此，积极修辞讲究有力和动人。

积极修辞又可以分为广义修辞（Broad stylistic context）和狭义修辞（Narrow stylistic context）。狭义修辞具体指各种辞格，广义修辞还扩大到文体、体裁等。

### （四）修辞与翻译

从修辞学的角度看，翻译就是用译文语言形式对原文语言内容进行对应性的艺术转换。这种转换首先应保证正确而忠实地传达原文内容，同时还应调动各种技巧，灵活驾驭译语，再现原文修辞风采，使语言生动有力，具有对等的修辞效果。

## 二、英汉修辞对比

英汉两种语言在常用的修辞手段上存在着许多相同、相似之处，但又不是一一对应的。由于各自历史发展不同，文化传统和风俗习惯相异，甚至思维方式、美学观念也有许多差别，往往在表达相同概念时，可能会使用大不相同的修辞手段。英汉各有自己的语言系统，语音的音韵节律、词义的引申方式、词语的搭配范围、句式的结构方式诸方面，都有很大的差异。因此，即使是一些性质相同的修辞手段，在形式上和运用范围上也都会有所不同。这是英汉翻译过程中应当注意的一个问题。

### （一）英汉相似的修辞手段

英语中多数修辞格与汉语修辞格相同或相似，因而在翻译时，可以套用，但有时由于比喻形象不同，翻译时又不能过于机械，应加以变动。

### （二）英语特有的修辞手段

英语这一富有表现力的语言具有自身的修辞特色，有不少修辞手段与汉语相同。英语中有些特有的修辞手段是比较难译的，如何翻译英语中的修辞手段，特别是英语中特有的修辞手段，是翻译中的一个重要课题。翻译要忠实地表达原文的思想、精神和风格，因而原文中的修辞手段，有的可套用，有的不可套用。下面探讨如何翻译英语中难译的修辞方式，这往往需要译者根据汉语习惯，用汉语中另一种修辞方式或其他方法翻译出来，做到既不失原意，又尽量不削弱原文的表现力和感染力。英语中比较难译的修辞手段主要有以下几种：

1.Alliteration（头韵法）

英语的头韵译成汉语，很难保持原修辞格的形似，除去个别的可以做到形神皆似，绝大多数只能用汉语中别的修辞格来弥补译文上的不足。

【例1】He described the claim in alliterative fashion as a composite of fantasy, fallacy and fiction.

【译文】他用押头韵的方法把这种要求描绘成虚幻、虚妄和虚构的混合物（头韵）。

【例2】He is all fire and fight.

【译文】他怒气冲冲，来势汹汹（用对偶译出）。

多数较短小的头韵词组译时可不考虑用什么修辞格译出，只要译出含义即可。

2.Oxymoron（矛盾修饰法）

【例1】Malone called my conviction a "victorious defeat".

【译文】马伦把审判的结果称为一个"表面上的败仗，实际上的胜仗"。

【例 2】Changelessly changing.

【译文】既始终如一，又变化多端（不译：不变化的变化）。

汉语中的矛盾修饰法也偶尔使用，如电视剧《武则天》中的歌词里有一个短语是"冰冷的烈火"；再如，1995 年 7 月 25 日《今晚报》第二版上，在《姜文新印象》一文中，有"悲观的乐观主义者"一词。

3.Litotes（语轻意重法）

常常有一个否定词放在某个词的前面，来表示强烈的肯定。

【例】I am not quite too late，I see.

【译文】我看，我来得还不算太晚。

4.Zeugrna（轭式搭配法）

轭式搭配法格式是用一个动词或介词支配两个名词，一个形容词修饰两个名词，或者两个名词主语合用一个动词，而这两个名词在意义上往往毫不相干，或者第二个名词与动词或形容词不能构成自然搭配，仿佛用轭把一对牲口套在一起拉车，称为轭式搭配。这种修辞格在英语中广泛运用，因为它可使语言诙谐，具有讽刺和感染力。翻译时，可直译或用别的修饰格，或用其他方法译出。

【例 1】We ate a bun and a glass of milk.

【译文】我们吃了个小甜圆面包，喝了杯牛奶（加词分译）。

【例 2】She opened the door and her heart to the homeless boy.

【译文】她对这个无家可归的孩子打开了自己的大门，也打开了自己的心扉（重复、排比）（汉语其他修辞格翻译）。

英汉语中的修辞格还有很多，这里不可能一一进行对比，这里列举的仅是其中最为常用的一些修辞方法。

## 三、翻译中原文修辞方式的处理

翻译过程中处理修辞手段的主要原则，是再现原文的修辞效果，而不只是追求修辞形式上的对等。当然，在保持原文修辞效果的前提下，能找到与之对等的修辞方式进行翻译，那是最好不过的。这种翻译的好处是语言既生动活泼，又可保存原文的"情调"和"风姿"，但实践中往往很难做到。因此，很多情况下必须改换修辞或改变表达方式，利用汉语的优势，采用意译、活译等。

### （一）直译法

由于英汉两种语言在修辞手法上有许多相似情况，在翻译中应当尽可能采用直译的方法，即在用词和结构以及修辞方式上都采用与原文对等的手段，做到形神皆似。

【例】to spend money like water.

【译文】花钱如流水（比喻）。

### （二）变通法

翻译时，汉语中若找不到对等的表达手段或相应的形象，则应根据上下文，做适当的变通，或改变表达方式，或改变形象，在译文语言中寻找恰当的修辞方式来进行翻译，以求获得最佳修辞效果。

【例1】Six of one and half a dozen of the other.

【译文】半斤八两（转换译语形象，英语用"打"表示，汉语用"斤两"表示）。

【例2】He is as strong as a horse.

【译文】他强壮如牛（转换译语形象，英语用"马"表示健壮，汉语用"牛"表示这一概念）。

## （三）解释法

英语中某些形象词语、词组或某些修辞手法译成汉语时，不易找到对等的表达方式，直译又显得生硬，译文读者不易理解和接受。这种情况下，可以采用解释性翻译。

【例】And the Music of the Pead drifted to a whisper and dispeared.

【译文】珍珠之歌随波荡漾，余音袅袅，终于完全溶进了滚滚波涛。

译文充分领悟原文精神，增加了一些适当的词语作为解释，这样把原文的感情、意境都充分表达出来了，从而保存了原文的神韵。

## （四）意译法

在翻译过程中，原文采用了某种修辞方式，而汉语又不便采用某种修辞方式来翻译，这时根据译语的表达习惯，可以舍去原文修辞色彩，而将其所指意义表达出来。

【例1】The wind whistled through the trees.

【译文】风呼啸着穿过了树林。

此例中原文采用的是拟人的修辞方式。如将"whistled"译成"吹着口哨"译文读者会感到生硬别扭，不会得到美的感受。

【例2】The year 1871 witnessed the heroic uprising of the Paris Commune.

【译文】1871年爆发了英勇的巴黎公社起义。

英语中采用了拟人手法，说1871年目睹了巴黎公社起义，但汉语不习惯采用拟人法来描写年代等，同样汉语也不用年代作为主语，因此不用修辞格，采用意译。

# 四、译文语言的修辞方式

翻译的任务，一是理解，二是表达。译文中的表达问题与修辞方式密不可分，因为二者都是探讨运用语言的技巧。下面仅就几个主要方面谈谈译文中的修辞问题。

## （一）精心选择词语

为了使译文流畅易懂，要注意词义的选择和引申。这里主要从修辞的角度出发，讨论在翻译中如何正确有效地使用词语，使译文语言表达得生动活泼，再现原文修辞效果。同义词的选用是其中最重要的内容。

【例1】Every life has its own roses and thorns.

【译文】人人的生活，都有苦有甜。

【例2】"Several weeks，anyhow."he observed，looking steadily into her eyes.

【译文】"总要待几个星期吧。"他直勾勾地望着她的眼睛说。

## （二）灵活安排句式

灵活安排句式也是修辞的重要内容。从不同的角度看，汉语有多种多样的句式：长句和短句、主动句和被动句、肯定句和否定句、顺装句和倒装句、无主句和独语句等。修辞讲究的是不同句式的运用所产生的修辞效果，翻译中，句式安排的首要任务是句式的选择如何既与原文的体式基本适应，又符合汉语的修辞习惯。

英汉翻译中灵活安排句式的原则，是在基本适应原文体式的前提下，根据具体的上下文语言环境调整译文的句子形式，以适应汉语表达的需要。

（1）译文句子力求长短相隔，以中、短句为最好，长句宜在恰当处断开。

（2）译文句子力求少用被动句式。

（3）译文句子力求层次简明，语义清晰。

（4）译文句子力求气势连贯，行文流畅。

## （三）恰当运用成语

译文中恰当运用成语可加强语言表达效果。汉语成语，言简意赅，是一种语言修辞手段。成语的修辞作用在于能根据原文的要求传神达意，使译文增添风采。

【例1】He was still gloomy and disheartened.

【译文】他还是愁眉不展，心灰意懒。

【例2】Great oaks little acrons grow.

【译文】积土成山，积水成渊。

## （四）巧用修辞方式

原文若运用了某些修辞方式，而汉语中却没有与其相对应的表达法，若直译又会歪曲原文的意思，或者不符合汉语习惯；还有个别英语修辞方式在汉语中根本找不到相对应的语言形式，如果意译又嫌平淡，失去原文的生动性和语言表现力。这时，就有必要考虑换用另外的汉语修辞格，以准确表达原文的思想，并保持一定的语言感染力，这就是巧用修辞方式。

【例1】painful pleasure

【译文】悲喜交集（英语，矛盾修辞法；汉语，四字成语）

【例 2 】He is all fire and fight.

【译文】他怒气冲冲，来势汹汹。

英语使用的是押头韵，汉语采用对偶句进行翻译。对偶与排比是汉语的一大特色，在运用这一技巧方面，译者常有驾轻就熟之感。如英语的weeping eyes and hearts 可译为排比句：一双双流泪的眼睛，一颗颗流泪的心灵。

## 五、翻译应重视修辞问题

修辞问题是翻译中的词汇和语法问题的深入和发展，是在二者的基础上进一步探讨感情色彩与修辞效果的再现问题。翻译时，需要先正确理解原文的修辞方式，把握其修辞效果，然后考虑用恰当的手段在译文中表达出对应的修辞效果，使语言鲜明、生动，富有感染力。至于究竟采用何种方法，除考虑文字的基本含义外，在很大程度上还需从上下文语言环境上整体考虑。

正确处理修辞问题，调动各种修辞手段，目的在于使语言的描述更加生动形象、语义更加鲜明突出、结构更加匀称流畅、音韵更加优美悦耳，从而加强表现力和感染力，更加深入地阐明事件的意义或刻画人物的性格。有时可以引起读者或听者丰富的联想，发人深思，或者使其感到意料之外，又在情理之中，引人入胜。因此，翻译中既要正确表现原文的修辞方式，又必须注意译文修辞方式的恰当运用，只有这样才能准确地表达原文的内容、精神和风格，再现原文的风姿。

此外，修辞行为始终受到文化意识的制约，在跨文化的言语交际中尤其如此。只有在符合文化规范的前提下进行有意识的修辞，才能准确有效地传递信息，并能达到令人满意的修辞效果。翻译过程中只有注重修辞问题，才能获得高质量的译文。

# 第四节 风格与翻译

## 一、概述

风格一词是多义的，就翻译而言，要保持原文的语言特色就是要追求风格上的对应，也就是要对原文的语言艺术负责。

语言风格是语言形式与语言内容相统一的体现，具有形与神（形态与神韵）的两重性。翻译时，译者、译文的风格是表现作者、原文的风格，它们既有共性又有个性。翻译必须做到传神达意，体现风格。翻译水平越高，作者的风格就越传真，译者的风格就越传神。

风格与形式既有联系又有区别。风格属于言语的范畴，形式属于语言的范畴。英汉两种语言的差异决定了形式相等近乎不可能，但这并不等于说译作的言语风格不能近似于原作的言语风格。既然风格属于言语的范畴，风格的变换依赖于对语言形式的选择，具体地说是对语音、词汇、句法、修辞手段和篇章结构的选择。所以说，风格的体现既依附于语言常规，又偏离语言常规。

依照翻译理论，再现原作风格应该是也必须是译者的追求。由于不同语言之间存在着许多层面上的差异，要想完整地传达原作的风格，特别是文字上的，确实有许多障碍，但译作要尽可能接近原作风格，尽量反映原作的艺术个性。对于这一点，译界在理论上已达成共识，每个译者在主观上都应朝这个方向努力。要尽可能再现原作风格，识别及感悟原作风格是前提。

当然，在翻译中，原作的思想内容并不取决于译者，而取决于作者。所以译作可取的基本形式也受到原作很大的限制。译者不可能不顾原作者的思想内容和语言形式，随意创造"风格"。这是翻译所面临的客观上的局限性。

综上所述，风格是可以转译的，但有难度，译文风格应尽可能与原文风格保持一致。

## 二、正确理解原文，忠实传达风格

所谓艺术风格，简单地说，就是某一位作家的创作手法、行文习惯。风格二字，有时被解释得神乎其神，似乎是虚无缥缈的东西，不可触摸。然而虚无也好，实在也罢，作家的风格无非是表现在词语的选择和句式的调动之上。实际上，真正再现原作风格并非易事。译者所能做到的只能是译作尽可能地接近于原作的神韵，如此而已。

首先，翻译的目标不能仅仅满足于形似，必须再上一层楼，力争达到神似。这就要求译者在正确理解原作意义、把握原作神韵的基础上，能够充分尊重译入语的习惯，在最大限度上，忠实地传达原作风格。

值得一谈的另一点是形象的翻译。形象的翻译，也叫比喻的翻译。一般来说，在翻译比喻时应尽量保留原文的形象，保存原作的特色。然而，在某些情况下，由于英汉两种语言文化的差异，一味保留原文的形象，忽视两种文化的冲突，其结果往往适得其反。这时，译者应根据译入语的习惯做相应的变通。

在翻译中，必须在正确理解原文风格的基础上来传达译文的风格。这就要求，译文的内容必须在保持与原文完全一致的前提下，在形式上尽可能要求其与原文相似。因为只有保证正确理解原文内容，最大限度地保证原文的语言形式（如句法结构、修辞方式等），才能最大限度地再现原作的风格。只有对原文语句正确理解，对原文语句意义正确表达，对原文句子精神正确模仿，才有可能获得符合原作思想特色、语言特色、艺术特色的译文，才能忠实传达原作的风格。这些译文读起来很自然，体现了原作的语言风格和神韵。

【例】Hurst wood was surprised at the persistence of this individual，whose bets came with a sangfroid which，if a bluff，was excellent art.

【译文】赫斯渥对这个家伙的咬住不放大为吃惊，他不动声色地连连下注，倘使是"偷鸡"，这真是极其高明的手法。

赫斯渥因失业贫穷到赌场上碰运气。译者善于捕捉意蕴，锤字炼词，紧扣赌场这一语境。如 persistence 一词，译为"咬住不放"，sangfroid 不译成"镇定、沉着"，而译成"不动声色地"，选词十分精巧，形象地传译出赌徒之间你争我夺、激烈角逐的心理状态，并且也将原文含有的赌场上所特有的紧张气氛再现出来。而 bluff 一词本义为"欺骗"，此处译成赌场行话"偷鸡"，可谓把赌场这一语境译活了。译文中这些精心挑选的词汇再现了原文的风格。

## 三、力争形神皆似，追求风格对等

在翻译时，应尽可能地做到译文与原文形神皆似，再现原文的艺术风格。

【例】A thousand mustaches can live together，but not four breasts.

【译文 A】一千个男人可以住在一起，两个女人却不行。

【译文 B】千条汉子能共处，两个婆娘难相容。①

翻译不仅要求意义上对等，而且要求风格上也对等。例中的英语是谚语形式，译文 A 仅仅译出了意思，没译出其风格。译文 B 注意到意义和风格上的统一，采用了汉语谚语和成语经常采用的修辞方式"反对"（对偶的一种），准确地译出了意义，再现了原文风格。

风格对等指翻译时仅仅在意义上与原文意义相同是不够的，还要尽量保持原文的神韵和风格。不同的作者有不同的风格。有时，同一作者在不同的作品中，使用不同的风格；在同一作品中，不同人物说话中用词不同、句法结构不同、风格不同。这些不同的文体和风格，在原文中就体现得非常明显。翻译时，一定要运用各种翻译技巧以及修辞方式，使用适合的文体，尽量保持原作风格、意境。

## 四、作者风格与译者风格

在翻译时，还需正确处理作者风格与译者风格并存的问题。译者的任务是表现作者的风格，其艺术风格应是作者艺术风格的化身，但又应该有自己进行再创造的艺术风格的烙印。因为，作者有写作风格，译者也有翻译风格。为了最大限度地再现原作者的风格，作者风格与译者风格必须（也

---

① 李诗平．英语修辞手册 [M]．长沙：湖南人民出版社，1998．

可以）统一起来。译者可以运用语言手段，使译文风格最后统一到作者风格上。作者的风格应通过译者的风格来表现，而译者的风格又应以作者的风格为皈依。

举例来说，海明威被认为是最有影响的现代美国风格作家之一，他的影响中很重要的一方面是海明威的个人风格。所谓"海明威风格"，具有许多内在气质。就语言而言，简练含蓄，他经常用十分流畅的谈话体式的美国英语写作，并常用俚语、俗语等。海明威的文笔简洁凝练、表达准确、直截了当。从表面上看似乎单纯，细而究之则内涵深邃，这就是他著名的"冰山理论"的最好体现。海明威很少使用华丽的辞藻，尽量不用形容词，句子短小，结构简单。海明威的风格还表现在非凡的人物对话上，这种对话，并非人们日常言谈的简单记录，而是经过加工琢磨，给人以非常真实，又超过真实的感觉。翻译海明威的作品就必须把握他写作的风格，译文应该适应海明威的个人风格，译文中的语言应符合海明威的语言风格。

所以，为了在翻译中把握和体现原文作者风格：第一，译者应该了解作者风格，这一点可以通过了解作家的生平、创作道路、创作方法、时代背景等来实现。第二，译者应该把握作者的语言风格。作者在作品中通过语言来体现他的风格，这就形成了作者的语言风格。其中包括：用词倾向、语句特点、修辞方式、语句顺序、句子情态、句式、段落、章节以及整体结构安排等。第三，要做到"文随其体，体随其人"。也就是说译者一定要注意调整自己以适应原文的风格特点，让自己归顺、同化于作者的艺术风格。

其实，翻译的风格是由原著的风格或作者本人的风格所决定的。正如世界上找不出两片完全相同的叶子，不同作家的风格也是千差万别的。因此翻译时，该雅的不可以俗，该俗的不可以雅。原文幽默，译文也该幽默；原文沉闷，译文决不可畅快。用王佐良先生的话就是"一切照原作，雅俗如之，深浅如之，口气如之，文体如之"。要想实现上述目的，最重要的还是一个"信"字。

【例】I would add，that to me she seems to be throwing he reel fa way.

【译文A】那我就得再添上一句话，我看，她这是把自己这朵鲜花插在牛粪上。

【译文B】我要加上一句，我觉得她似乎是自暴自弃。

史朵夫觉得，尽管汉姆（Ham）这个人有很多优点，然而让天仙般的美人爱弥嫁给这样一个人，简直太便宜他了。那么 throwing herself away 的意思是不言自明了。译文B"自暴自弃"，与原文距离甚远，不着边际。而译文A"我看，她这是把自己这朵鲜花插在牛粪上"不但达意，而且传神。

【例】Now the morning was late in May, the sky was high and clear and the wind blew warm on Robert Jordan's shoulder.

【译文A】现在是五月下旬的早晨，天高云淡，和煦的风吹拂着罗伯特·乔丹的肩膀。

【译文B】这是五月底的一个早晨，天高气爽，和风吹拂在罗伯特·乔丹的肩上，暖洋洋的。

这里描写的是五月的早晨，天高云淡，暖风轻吹。译文A节奏明快，通顺流畅，但译文B中把 warm 单独抽出另译，效果极佳。这已经不是死板的翻译，而是典型的再创造了，译文B较好地保持了原作的风格。

## 五、关于译文中的洋味

翻译是文化交流的重要手段，文化交流是翻译的目的。翻译的职能之一是介绍外域的人文事物，译者所面对的现实是整个外域文化。洋味和异国情调总是通过语言媒介体现出来的。因此，译文中完全不保留洋味是不可能的，也是不必要的。只要译文中的洋味和异国情调在相当的程度上可以为译文读者所理解和接受，还是可以保留的。

译文要想做到最大限度地再现原文的风格，就必须寓"洋味"于译文读者所能接受的或喜闻乐见的语言形式之中。例如，"潘多拉的匣子"译自 Pandora's Box，"特洛伊木马"译自 the Trojan horse，"橄榄枝"译自 an olive branch。这些由英语译过来的形象性词语，具有浓厚的洋味和异国情调，而且已被中国人完全接受并经常运用于汉语的写作和谈话中。

洋味和异国情调是体现原作风格的重要因素，是外国文学作品中流露出来的独特的格调。在翻译过程中尽量保持洋味和异域情调，这也是保存和再现原作风格的一种手段。当然，保持一种洋味和异域情调并不意味着原封不动地照搬原作中的语言形式和一些比喻形象、表达方法、修辞手段等，而是保持那些译语读者能够理解和接受的，最能体现外国风俗和土味的语言特色和描写手法，使译文既体现原作的风貌，又不流露生硬牵强的痕迹。

值得注意的是汉语中的许多词语是我国特有的，如"八仙过海，各显神通""班门弄斧""三个臭皮匠，顶个诸葛亮""说曹操，曹操就到"等，都是不应该在外国文学作品的译文中套用的。这些成语具有浓厚的中国文化色彩，若直接套用在译文中，则显得不伦不类，失去了原作的民族特色。所以，英语 "Two heads are better than one." 在译文中不能译成"三个臭皮匠，顶个诸葛亮"，而最好译成"人多智广"。这样，既能避免文中具有浓烈中国文化色彩的语言形式的出现，也不会损害原作风格。

# 第三章  英语语言文化多维度研究

## 第一节  英语姓名、称谓和地名

姓名是社会上每一个独立的个体所特有的标志，是生活中与每个人相对应的特定指称。姓名总体上是区别性符号，然而姓名既是历史，也是文化；既是故事，也是画卷。它们反映当时当地的经济发展状况、思想文化传统及人们的风尚习俗，内涵丰富、引人入胜。诸多英语姓名不但折射英语国家的历史文化，反映时代特征，而且还寄寓着人们的情感和希望。透过英语姓名这个窗口，我们可以深入地了解使用英语的民族特有的文化。

### 一、英语姓名的构成

英语国家的姓名一般由"名"+"姓"两部分组成，其排列顺序正好与中国的"姓"+"名"相反，如 Mary Robinson（玛丽·罗宾森）中，Mary 为名，Robinson 为姓。也有人有两个或两个以上的名，按照"首名（First Name，FN）"+"中名（Middle Name，MN）"+"姓"（Last Name，LN）的次序排列，例如，Linda Jane Smith（林达·简·史密斯）中，Linda 为首名或教名，Jane 为中名，Smith 为姓。英美等国家的人在大多数情况下只使用一个名字，即首名或教名，它们是孩子出生后接受洗礼时命名的，一般由父母或牧师来取；只有在办理公务或签署文件时才使用中名甚至第三个名字，中名多是以父母亲朋的某个名字来命名，表达了本人与父母亲朋之间的关系。

## 二、英语姓氏来源

中国人很早就有姓，而且把姓视为血缘关系、传宗接代最重要的标志，以姓聚族而居，建宗祠、立家庙。可是，英国人在历史上很长一段时间内却只有名而没有姓。这种只有名没有姓的情形一直延续到公元 10 世纪。为了避免重名，人们一般采用副名加以区别，即在名字后面加上修饰语，说明该人或其祖先的居住地、职业、地位、家系、身体或性格特点等，由此构成了英语姓氏的基础，也是英美等国人士名字在前姓氏在后的缘起，在很长一段时期，姓氏是因人而异的。兄弟异姓，个人因时易姓的现象并不少见。后来，由于社会发展的需要，如继承田产以及 1066 年威廉征服英国后的影响（法国诺曼人的姓氏是世袭的），这种修饰语便逐渐固定下来，到了 14 世纪末终于演变成世代相传的姓氏。英美等国家的人在给孩子取名时是很慎重的，并受他们的文化习俗和价值观的影响。所以，看似简单的英语姓氏，却能体现出各自不同的身世或文化背景。英语姓氏是研究英语民族社会历史文化的活化石。但有一点和我们是截然不同的，他们经常以父母亲朋或自己的名字为孩子命名，比如，美国前总统罗斯福给儿子取名为 Franklin Roosevelt Junior( 小罗斯福 )。

## 三、称谓语

称谓语即人们在交际中用于称呼对方的词语，具有重要的社会功能：

它是称呼者对被称呼者的身份、地位、角色和相互亲疏关系的认定，起到保持和加强各种人际关系的作用。每一种语言，经过长时间的发展和演变之后，都会形成各自独特的称谓体系和使用规范。称谓语是社会语言学家较早开始关注的言语行为，因为在每种语言中，在每个社会中，只要人们相互交谈，就涉及如何称呼对方的问题。

称谓语分社交称谓语和亲属称谓语两大类，前者指对亲属之外所有其他人的称呼用语，后者指对亲属的称呼用语。

1. 社交称谓语

从社会语言学的观点来看，社交称谓语具有极其丰富的社会和文化内涵，是社会中权势性和平等性的象征。权势性指上下或尊卑关系，也可依长幼、职业差别、教育高低等情况来定；而平等性则指平等关系，可指社会特征（宗教、性别、年龄、出生地、种族、职业等）的一致性，彼此关系的亲密。

2. 亲属称谓语

亲属称谓语有正式和非正式说法，例如，father（父亲）和daddy（爸爸）。在书面语、正式场合和间接称谓中，一般用正式说法，如"祖父"（grandtether）和"祖母"（grandmother）。在口语、非正式场合和直接称谓中，一般用非正式说法，如"爷爷"（grandpa）和"奶奶"（grandma/granny/grannie）。英语和汉语中，长辈对晚辈，经常称呼名字，而不常使用亲属词。汉语中，晚辈直接称谓长辈，一般总是要使用亲属词，而不能使用名字，如果晚辈用名字直接或间接称呼长辈，会被认为是不敬的表现。但英美等国家的人在未成年时除使用亲属词称谓长辈外，有时也可以称呼名字（first name）。例如，小孙子可以直接称呼他的爷爷为 Tom 或 George，而不一定叫 Grandfather 或 Grandpa。英美等国家的人在成年后更多使用名字称谓长辈，而很少使用亲属词。这点和中国人有很大的不同。

在亲属称谓方面。中国人习惯用表示血亲关系的名词来称呼家人、亲属，甚至会将此类称呼用于朋友和陌生人，以示亲近，而西方人则很少这样做，中国人很难想象美国孩子竟会对其长辈直呼其名。英语亲属称谓仅用 13 个名词和几个修饰词就可以反映所有的辈分、同胞、血缘关系。而汉语亲属称谓男女有别，长幼有序，血缘关系的远近疏密泾渭分明，远比英语亲属称谓复杂得多。

### 3. 称谓语的使用

总体说来，称谓语的使用有两种模式，即对称性模式和不对称性模式。美国的社会语言学家布劳纳（Brawn）和福特（Ford）曾经收集了不同职业的人在工作场合交谈的大量资料，通过对这些资料的研究，他们发现大多数情况下说话双方都采取对称性模式，即双方都使用名字或者都使用称谓加姓氏的方式称呼对方。通常朋友之间关系比较亲密的人之间使用名字，而对刚刚认识的人或关系疏远的人使用称谓加姓氏。不对称性模式是指谈话中一方用名字称呼另一方，而另一方却用称谓加姓氏称呼对方。采取何种称谓取决于两个因素：权力（社会地位）和人与人之间的亲密程度（社会距离的远近）。谈话中社会地位或级别较低者对上级所使用的称呼是不对称的，体现了对上级的尊敬。同样的称呼如果用于地位相近的人，则体现彼此之间关系比较疏远，并且显得非常正式。同样，在不对称性模式中上级对下级所使用的称呼也是其权力的体现，同样的称呼如果用于同级别的人，则表明彼此之间社会距离较近，较亲密，也显得非常随意。

一些情况下，尤其是双方经过一些接触，相互有了一定的了解，关系发生变化之后，即使是以英语为母语的人也无法确定用何种称谓合适。这时，通常是地位高的人先从正式称谓向非正式称谓转变。如果年轻人或地位低的人无法确定是否也要使用非正式称谓时，最明智的做法就是采用零称谓，即避免使用任何称谓。实际上这种做法在讲英语的人当中相当普遍。初学英语者对于在纷乱的语境中如何称呼对方往往不确定，如果能够巧妙地使用零称谓，就可以避免一些不必要的尴尬和麻烦。作为英语教师，向学生解释清楚这一点，对学生来说很有帮助。

## 四、地点

地名是语言词汇中文化载荷的成分。作为历史文化的产物，地名深深烙上了社会变迁的痕迹以及一个民族特有的文化特征。随着语言文学的产生，人们根据自己的观察、认识和需要，对具有特定方位、范围及形态特征的地理实体用文学代号给以共同约定，这种约定俗成、世代相传的文学代号就是地名。地名固然是代表实体的符号标识，但同时又是一种超越时空的文化特征。地名是民族历史和文化的一部分，与人类社会的变化紧紧相连。下面我们讨论一下英美国家地名的历史文化内涵。

1. 来自凯尔特语与拉丁语的地名

日耳曼被征服以前，生活在不列颠的是凯尔特人，古罗马人也曾一度征服过不列颠。古罗马人撤离之后，凯尔特人即面临撒克逊和朱特人的入侵、杀戮、驱赶。拉丁语和凯尔特语在英语中几乎没有留下什么痕迹，但却留下了一些地理名词或地理名词的构词成分。来自凯尔特语的地理名词包括：Thames（泰晤士河：流经伦敦）、Avon（埃文河：在英格兰西南部）、Dover（多佛尔：英国东南部海港）、Wye（瓦依河：流经威尔士和英格兰西部）、Kent（肯特：英国东南部的一个郡）、Cornwall（康瓦尔：英国西南部的一个郡）。凯尔特语还留下了一些地名构词成分。

2. 来自英语的地名

日耳曼被征服以后，撒克逊人和朱特人定居不列颠，翻开了不列颠历史上新的一页，也开启了英语的历史。随着城乡的发展，以古英语命名的名词不断产生。含有英语地名构词成分的名词遍布不列颠。Shire（郡）源于古英语词 scir（office，办公处），从古英语时期起就是英国的行政区。另外，shirefe 是英语地名的构词成分，如地名 Lancashire、Yorkshire、Cheshire 等中都含有这一成分。

来自古英语的地名构词成分还有很多，有一些保留了其古英语形式，有的则演变成了现代英语形式。

3. 来自斯堪的纳维亚语的地名

从公元 8 世纪起，不列颠被斯堪的纳维亚人入侵和占领。到 9 世纪中叶，丹麦人在英国东北部建立了 Danelaw（丹麦区），并定居下来。英国有 1400 多个村镇的名称来自斯堪的纳维亚语，且大部分都在该地区。在 Yorkshire（约克郡）、Lincolnshire（林肯郡）、Cumberland（坎伯兰）、Northumberland（诺森伯兰）、Westmorland（威斯特摩尔兰）、Norfolk（诺福克）等地，75% 的地名来自丹麦语。

发生在 1066 年的诺曼征服事件，使大量法语词汇进入英语，但是英语地名中来自法语的却很少。比较常见的只有由 -ville 构成的地名。有趣的是英语中的虚拟地名也常用 -ville 这一成分。

4. 美国的地名

欧洲文艺复兴时期以前，英国主要是移民输入国家，因而出现了很多来自其他民族语言的地名。从文艺复兴时期开始，英国国力渐强，开始了海上冒险，大批人走出国门，开始了拓展海外殖民地的过程。美国是英国人建立的最主要的海外殖民地之一。英国人一踏上这块北美的土地就开始了确定地名的活动。美国地名的确定有三个非常突出的特点：借用先于英国人栖居北美大陆的各民族所使用的地名；借用欧洲大陆，特别是不列颠的地名；以人名作为地名。

先于英国人栖居北美大陆的是印第安人。在欧洲殖民者到达北美大陆之前，印第安人世代栖居在这里并创建了辉煌的文化。欧洲殖民者在踏上陌生的土地时，沿用原有地名是很自然的事情。因此，很多美国的地名都来自印第安人的语言。

美国东南部的佛罗里达为西班牙人的殖民地，美西战争后并入美国版图。南部原为墨西哥的领土，墨西哥人也讲西班牙语。很自然，在美国的东南部、南部有很多源自西班牙语的地名。

美国中部、中南部原为法国的殖民地，后由托马斯·杰弗逊（Thomas Jefferson）任总统的美国政府购买，并入美国版图。因此，有些地区保留了一些来自法语的地名。

纽约原为荷兰殖民地，现在还保留着一些来自荷兰语的地名。例如，

Brooklyn(布鲁克林：纽约市行政区)、Harlem(哈莱姆：纽约的一个黑人居住区)、Staten Island(斯塔滕岛：纽约市行政区)、Bronx(布朗克斯：纽约市行政区)。

美国建国以后，版图不断扩大，来自世界各国的新移民蜂拥而来。随着中部、西部的开发，美国东部居民也大量西进，在中部、西部不断建立新的定居点，需要大量新的地名。人们便把眼光投向美国东部乃至世界各地，利用旧的地名为这些新的地点命名。有时，人们为了和旧地名有所区别，就在前面加上 New(新)。

美国也有不少地名来自人名。以人名为其他事物命名，体现的是一种人是世界的核心、是世界的主宰的思想，是个人主义文化的一个重要方面。

# 第二节　英语成语、谚语和典故

成语（idiom）是习语（俗语）的一种，是各个国家和民族语言中不可或缺的一部分，含有丰富的社会和文化内涵，是人类在长期的社会实践中总结出来的语言精华。可见，英语成语是不可预见其意义的固定词组，其表述之义往往不是其单字意义的总和。在英语语言表达的生动性、凝练性及使用的程度等方面，要首选成语。英语成语一方面源远流长，另一方面顺应社会的发展，不断有新的成语出现。学习英语成语不是一朝一夕的事情，了解一定数量的成语对于了解英语国家的社会与文化、融入以英语为本族语言的人群具有十分重要的作用。

# 一、英语成语的特点

## （一）语义的整体性

在英语中，成语大都是作为一个整体出现的，其意义往往难以从其中的单词猜测出来，也就是说组成成语的各个单词除了表达成语的整体意义外，往往不能再表达其他的意义。

## （二）结构的稳定性

结构的稳定性也叫句法限制，即指成语的形式固定，其中各个单词不能被替换或是以别的形式出现。

## （三）民族特色性

相当数量的英语成语的形成有着宗教、政治和文化历史的渊源，所以字面意思与实际含义有天壤之别，不能望文生义，也不能一知半解就拿过来使用。

除了上述几个主要特点以外，还有一些英语成语从字面上看是违反语法规则的，还有一些则是违背逻辑的。为此，学习者在碰到英语成语时要加倍小心，稍不留神就会出现偏差。

# 二、英语成语分类

从跨文化比较的目的出发，将其分为短语动词和习语两个类别进行讨论。

## （一）短语动词

短语动词是成语的一种，由一个动词加上一个小品词构成，如 look into

（调查）。这个小品词要么是副词，要么是介词。短语动词也可由一个动词、一个名词和一个介词构成，如 take care of（照料）。

在历史的推进中，英语变得越来越简单，并失去了大多数的曲折词尾。没有人能够确切地说明在英语倾向于简化的同时，为什么出现了这么多的短语动词。或许是因为英国人喜欢单音节词，喜欢用它们的组合来表达那些多音节的外来语的意义。《格利弗游记》的作者斯威夫特曾经抱怨过英语里的单音节词过多，并把这当作英国人的耻辱。当然，今天人们已经不再这样看问题了。相反，它正说明英国人喜欢在日常交流中使用单音节词，否则它们也不会发展成今天这个样子。

这些短语动词和与其对应的拉丁语或法语借词的概念意义相近，但社会意义不同。一般来说，短语动词多出现在英语口语中，而与之相应的单个法语或拉丁语借词一般出现在书面语中。

## （二）习语

短语动词只是英语成语的一部分，英语中还有其他数量巨大的习语。在英语的历史上，由于表示语法关系的词缀大量流失，特别是表示名词的格的词缀基本消失殆尽，英语更多地依赖词序来表达语法关系，而词序的固定则是英语习语大量涌现的土壤。

许多英语习语都与英语国家文化紧密相关。从这些习语中，我们可以看到使用英语的民族看待事物的方式。

我们可以看出，英语成语一般都有与其对应的汉语表达方式。但通常这些英语成语和与其对应的汉语表达方式只是在概念意义上的对应。它们在联想意义，特别是其中的反映意义上有明显差别。

这里需要特别指出的，在使用英语成语时必须注意场合和对象。大多数英语成语是非正式用语，有些甚至是俚语。因此英语成语一般只能用于非正式场合，特别是口语中，如好朋友的私下交谈。一旦在正式场合，且听者又是陌生人或不太熟悉的人，就一定要措辞谨慎或少用成语。此外，英语成语和其他语言现象一样，也在不断地进行着更新交替，因此除了一些文学上的浮夸的或旧式的成语之外，英语成语已很少出现在日常口语之列了。

英语的 idiom 很容易和 proverb 混淆，前者相当于汉语的"成语"，后者相当于"谚语"。从形式上看，两者的区别是比较明显的：idiom 是短语（phrase），proverb 是句子（sentence）。idiom 没有主谓语，故不成句；proverb 有时即使主谓不全，但也是一个省略句。至于中文的成语和谚语，区别则较为含糊，一般四个字组成的称为成语，尽管有的成语也具备主语和谓语，而较长的语句为谚语。

谚语也是一种习语（俗语）。英语和汉语中都存在着大量的谚语。这些谚语是在民间流传的短小精悍的固定语句，是人们生活经验、生活智慧的结晶。英语谚语是英语民族智慧的集中体现。英语学习者通过了解英语谚语，可以学习英语国家的思想与文化的精华，领略英语语言的精悍和传神。

## 三、英语谚语的主要来源

英语是一种兼收并蓄的语言，在其漫长的发展过程中，汲取了欧洲多种民族语言的精髓。英语谚语更是博采众长，特别是从古希腊、古罗马文化中汲取了大量的营养。而英国的哲学家、剧作家、诗人，如培根、莎士比亚、蒲柏等，则为这座宝库增添了更多丰富多彩的内容。但是，英语谚语的主体还是来自民间。早在公元 8 世纪上半叶，英语谚语就开始流行了。英语中大部分生动的谚语都是田间的农民、作坊的工人、村中的猎手、海上的水手、家庭的主妇或厨师的口头创作，那些无从考证而又家喻户晓的谚语是普通民众长期积累、流传下来的思想火花与语言经典。英语谚语素有"俗谚""雅谚"之分，前者源自民间口语的谚语，后者则是源自古希腊—罗马文明、英语文学名著的谚语。

### （一）雅谚

英语中有相当一部分谚语源自古希腊—罗马文明、《圣经》和英语文学名著。与源自民间口语的谚语不同，这些谚语一般涉及典故，或多或少带有些书卷气，故称雅谚。

### （二）俗谚

源自民间口语的俗谚，以世态人情为材料，以经验知识为依据，是人民大众生活和生产的缩影，也是他们经验的积累和总结，揭示了他们对客观世界的认识和感悟，也表露了他们的心理诉求和祈望。

## 四、英语谚语的修辞手法

谚语作为民间文学，具有诗的活泼、文的凝重，因而在各种文体中都很常见。如果稍加留意，学习者不难发现英语谚语运用了许多修饰手法；如反义、对比、比喻、拟人、典故、倒装、省略、平行、重复和押韵。这些修饰手法的运用，常令人耳目一新，让人难以忘怀。

### （一）比喻

比喻是英语谚语的主要修辞手法。比喻就是以此喻彼，它有一个基础（心理联想）和四项要素（本体、喻体、相似点、相异点）。比喻可分为明喻、暗喻、换喻和提喻。

### （二）拟人

拟人实际上也是一种比喻，即把无生命的事物或抽象概念看成有生命的东西来加以谈论。

### （三）夸张

夸张手法运用丰富的想象，在数量、形状或程度上加以渲染，以增强表达效果，具有诙谐、讽刺、褒贬的功能。

### （四）押韵

为做到音韵美，许多英语谚语巧用头韵和尾韵来增强表达效果。一般成语、谚语让人过目成诵，正是得益于此法。

### （五）双关

双关是指巧妙地利用同音异义或同形异义等现象，使词或句子具有两种不同的含义，从而创造含蓄、奇特而又不失幽默的表达效果。双关分为语义双关和谐音双关两种。语义双关即利用一词多义的特点，使语言表达的内容有两种不同的理解；谐音双关即利用词义根本不同的谐音词构成的双关。

### （六）省略

英语常常省略某一（些）成分，以求言简意赅、朗朗上口的效果。

## （七）重复

重复是指某词或词组的重复使用。英语谚语有时省略某一（些）成分使语义简明，但有时也要重复相关词，以使语义突出。

## （八）对照

对照是把两种不同的事物并列出来，互相衬托，或是把一种事物的正反两方面并列起来，以便更加鲜明、更加全面地表现事物的本质。

# 五、英语典故的来源

## （一）文学典故

莎士比亚是英语文学典故的重要源泉，其他英国文学家也创造了很多典故。在英语中我们也能发现源于欧洲其他语言的文学作品的典故。欧洲各国的文化有很多相通之处。

## （二）源于古希腊—罗马文明的典故

古希腊—罗马文明是西方文化的底蕴之一，对西方人的生活产生了深刻的影响。现代公历中星期与月份的名称中很多与古希腊—罗马神话有关。

## （三）源于宗教的典故

典故的另外一个来源是宗教。在英语国家里，基督教是主要宗教，人们在英语中自然能发现许多典故来自《圣经》里的人和事。

## （四）源于历史的典故

历史事件和人物也可以是英语典故的来源。这些历史事件可能发生在英国或者其他西方国家，这些历史人物也可能是说英语的人或者是说欧洲其他语言的人。

### （五）源于体育的典故

英语里有许多与体育有关的典故。以英语为母语的人，特别是美国人，非常喜欢体育运动，或者亲自参加，或者观看。因此，英语中有很多有关体育的典故是很自然的事情。英语中有很多典故源于棒球、橄榄球、拳击等在美国或其他英语国家非常流行的体育运动。

## 六、英语典故的使用

从认知语言学角度来看，典故是一种隐喻，用典就是借用有来历、出处的故事和词语打比喻，意在不言中。构成典故的各个词形成了该典故的字面意义，虽然这些词不能完全揭示典故的特定寓意和文化特色，却构成了一个或者多个概念域。人们在使用语言的过程中，通过认知机制，在特定的语境中把这种概念域与典故的特定意义相联系，在这种联系中起关键作用的就是隐喻。典故的隐喻性只有在以特定语境为基础，通过映射等途径进行一系列认知活动时才能得到充分的体现。英语典故多由形象生动的故事、轶闻、传说或史实凝练而成，特点在于含蓄，其现实意义（听者或读者透过字面意义领会到的隐含意义）的实现取决于使用者的意义赋值以及这种赋值与听者或读者的最佳关联性。

### （一）意义赋值

实质上，典故的使用过程就是人为主体对作为理解对象的客体进行意义赋值的过程。

### （二）最佳关联性

说话者对典故进行新的意义赋值，只是完成了交际过程的一半，要让听者（或读者）领略个中含义，说话者就必须对说话对象的文化水准和认知能力有一定的了解，适当地运用典故，以实现表述内容与听者（读者）的最佳关联，从而有效激活听者（读者）的理解力、联想力与想象力。

特定话语的会话含义通常与其所处的语境密切相关。这里所说的语言环境、副语言环境和非语言者的结合因素，即交际的场合、时间；交际双方的身份、地位；交际双方的关系；交际双方的心情、行为；交际双方的语调、语气、表情、手势等。英国学者斯珀波和威尔逊在《关联性：交际与认知》一书中将这一术语定义为"当且仅当，一种假设在一定的语境中具有某种效果时，这种假设在这个语境中才具有关联性"。由此可见，语境是确定关联程度的重要因素。

# 第三节　英语俚语、委婉语和禁忌语

俚语是一种行话，它排斥规范用语的语言规则，具有较强的新颖性、较为短暂的词语寿命以及特色鲜明的用法，意在强化行业或集团内部的一致性。结合以上定义，俚语即特定人群的俚俗新奇的口头用语。

在现代语言中，俚语其实早已超出了特定人群行话的范畴。随着大众传播媒介的日益发达和人际交往范围的不断扩大，如汉语中的许多方言词被广为流传（如东北话里的"忽悠""唠嗑"等），逐渐成为大众性的俚语。英语俚语不仅在当今西方社会（尤其是美国）的影视、小说、报纸杂志以及日常交流中形成了一个强有力的磁场，有些说法还在全球范围内流行。

要想熟悉英美社会，了解英美国家的风俗习惯，提高阅读、理解、听说能力，就必须懂些英语俚语。

## 一、美国俚语产生的社会条件

### （一）表达情感

语言是交际的工具，而俚语作为语言中一个实际存在的组成部分，常常被使用者用来传递信息、交流思想、表达特定感情。如在熟悉的朋友举办的鸡尾酒会上与人交谈时，适度地使用一些俚语就会使气氛轻松活跃。朋友之间的通信也是如此，字里行间穿插使用一些俚语，除了更具人情味，也使收信人读起来感到亲切。

### （二）逆反心理的价值取向

逆反心理的价值取向为俚语的产生提供了动力，由于俚语是以亚文化的形态公开向主导文化的价值挑战的，由此引起了价值观的冲突。美国人崇尚乐观、自由、反叛以及个人主义。在日常工作生活中，美国人往往会有一种逆反的心理，即越是禁忌的东西，就越想去冲破、去超越，美国俚语正好顺应了这一心态。

因此，它的产生是正常的社会道德规范和价值观念下思想禁忌的反向推动作用的结果。所以，语言中越是禁忌的词，在俚语中的表达方式就越丰富，如美语中对生死、爱情、个人隐私、贫穷等敏感话题，在词的表达形式方面有很多，美国人创造俚语就是为了打破语言的禁忌常规，宣泄自己的情感，表达自己的个性，丰富自己的内心世界。

### （三）崇尚自由，追求时尚

俚语不仅能反映出创造者和使用者的个性和内心世界，而且能折射出社会和文化，反映人们的价值观念、道德规范、思维方式。美国人具有较强的个性、不怕犯错误、勇于探索、充满好奇心，因此他们力图寻找新颖有力、绚丽多彩、生机盎然的词句。因此，俚语在其形成和发展的过程中，以对常规的反叛和对新奇的追求为主要特征，以新颖的通俗形象见长。美国人在不断的试验中，在对新形式的坚定追求中体现其语言特色。

### （四）追求喜剧效应

俚语以其幽默风趣、生动活泼见长。对于性格开朗的美国人来说，俚语又往往可以避免原来的标准语所呈现的拘谨和感伤、幽默和乐观正是喜剧所体现的精神，因而美国俚语有"音乐喜剧"之称。美国俚语往往反映其创造者和使用者的个性，一个善于创造和惯于使用俚语的人大多是坚强、活泼和乐观的。美国人生而具有活泼的民族性格，他们在生活中以幽默和谐的表达增强语言的生动性，而俚语的幽默轻松和乐观随处可见。

### （五）美国俚语的风格特征

美国人民富于创造性，追求新奇。这种民族性格不仅表现在他们的日常生活中（如稀奇古怪的发型、琳琅满目的奇装异服、荒诞古怪的行为），也反映在他们的言语中，俚语的广泛使用便是最有力的佐证。

## 二、委婉语的含义

委婉语是一些让人听起来悦耳、礼貌或是无恶意的词或词组，用来代替那些粗鲁、刺耳、不雅的词语。

在任何一种文化中都有这样一些概念或事物，尽管表达它们的词汇在语言中是存在的，可是人们出于宗教或者社会习俗的原因，总是尽量避免直接提及它们。当这些概念或事物不得不涉及时，人们总是选用一些听起来让人觉得更易接受的词或词组，于是就产生了委婉语。

## 三、英语委婉语的修辞功能

### （一）避讳功能

西方语言禁忌起源于古希腊、古罗马时期人们对神的敬畏。在人类文明的早期，科学尚不发达，人们常常因感受到神秘力量的存在而心怀恐惧，于是在口头语言表达上有了不愿言、不敢言的内容，久而久之就成为一种语言的禁忌。但因相互交流的需要，有时又不得不表达出此种意思，于是人们逐渐学会了用避讳的话来表达，委婉语也就由此产生并被广泛应用。这样，避讳禁忌、消除恐惧便成了委婉语的第一个功能。

### （二）礼貌功能

委婉语的第二个主要功能是在交际中避免伤害他人的面子。所谓面子，是每个人都希望能维护自己的公众形象。爱面子或害怕丢面子是广泛存在的，"人要脸，树要皮"是超越所有文化界限的。当迫不得已要涉及令人不快的事情时，人们本能地相信，使用委婉语以示礼貌，是有效避免各类冲突的重要交际策略或方法。这种信念使人们创造出许多含蓄婉转的表达方法，从而避免了较为粗俗、直截了当的表达方法，这就是委婉语的礼貌功能。

### （三）掩饰功能

随着现代社会的发展，委婉语的使用也发生了很大的变化。使用委婉语的动机已不再单纯是出于避讳或照顾听者或读者的感情，而往往是为了达到说话者自身难以告人、无法直言的目的。这方面的一个典型例子就是在西方政治事务中，一些政客常常混淆视听、歪曲真相，以掩盖某些事情的本质。

委婉语既是一种语言现象，也是社会和文化现象，从中不难领略相关国家的社会心理和民俗文化。委婉语的使用必须因时、因地、因人、因事，唯有如此，才能有助于人们自如地表达思想。委婉语一旦滥用，只会显得荒唐滑稽，适得其反。

## 四、英语禁忌语的起源

在任何一个社会里总有一些事物是不能直接谈及的，即使该社会所用的语言中有这样的词语。倘若必须要说，则使用转弯抹角的表达方式。一旦有人违反这些戒律，在大庭广众之下说了某个词语或谈及某个话题，他将处于非常尴尬的境地，甚至成为不受欢迎的人。这种现象与人们常说的禁忌有关。尽管禁忌语是普遍存在的语言现象，在各种语言中都有与迷信心理、性器官、性行为有关的禁忌语，但是不同的文化传统有各自不同的禁忌方式，因而对于学习英语的人来说，了解英语禁忌语就很有必要。

禁忌一词的来源可以追溯到南太平洋波利尼西亚群岛的汤加岛土语。20世纪初以来的人类研究说明，禁忌起源于远古人们对语言的崇拜与迷信。著名英国人类学家爱德华·泰勒在其著作《原始文化》一书中指出，原始人民无法分辨自然现象与超自然现象，他们认为周围的一切事物都是有生命的，那些指代自然物体与现象的词语也有血肉灵性而且有超自然的魔力。对它们敬畏和合理运用，就能给人们带来好运；相反，对它们胡乱运用，灾难就会降临。各种禁忌形成许多独特的民俗，同时独特的民俗又反作用于人们的思维方式，进而影响人们的观念世界。它们隐藏在人们的潜意识之中，渗入生活的各方面，因此禁忌也是社会和人们心理共同作用的产物。

## 五、禁忌语的特点

### （一）普遍性

语言禁忌存在于世界各民族之中，无论是原始部落，还是高度文明的社会，无论在东方还是在西方，语言禁忌都普遍存在。可以说，人从降生到社会的瞬间，各种禁忌就制约着其言语行为。人在社会化的生活中，语言禁忌有效地协调着人与自然、人与社会、人与人之间的关系。

### （二）时代性

时代性亦可称为可变性。语言是活的，处于不断变化中。一个时代的禁忌语到了另一个时代可能就变成了一个普通的词语。

### （三）民族性

民族性也可称为特殊性。语言是文化的符号，文化是语言的体现。一个民族的文化可以在一个民族的语言中折射出来，语言禁忌也不例外。而各民族的文化模式有其个性和特色，中西方的历史沿革、社会制度、价值观念、风尚习俗、生活模式等方面的差异，使得二者在语言禁忌的内容与形式上均有不同。以英语和汉语为例，比较而言，英语中与宗教、犯罪、酗酒、妇女解放等方面有关的禁忌语居多，谈论话题中涉及个人隐私（privacy）的内容常被列入禁忌、避讳之列。而汉语在称谓方面大有讲究，禁忌较多；另外，汉语中对有关性的词语和话题特别敏感，禁忌也多。

# 第四章　英汉词汇与句式翻译

## 第一节　英汉词汇差异对比

英语中词是由词素（morpheme）组成的。所谓"词素"，是指英语中"具有意义的最小单位"，不能单独运用在句子中。例如，单词"electromotor"，前缀词根"electro"表示"电的"，"mot"表示"to move"，后缀"or"表示名词，那么这个单词的意思就是"电动机"，但拆开来看，三个词根都不具备可独立运用的意义。与英语词相对，汉语词则没有内在结构和形态的变化。汉语词由单个的汉字组成，而每个汉字对这个词的意义都可能产生影响。这些组成词的汉字称为语素，是可以单独运用在句子中的。例如，"踏青""单行道""护城河"等词语，词义是由组成词的语素意义拼接起来形成的，每个语素"踏""青""单""行""道""护""城""河"又有各自独立的意义，可以在句子中独立使用。

除了了解英汉两种语言在构词上的区别，熟悉掌握词汇的语法分类也是非常重要的。英语词可以分为以下几种词类：名词（noun）、代词（pronoun）、数词（numeral）、形容词（adjective）、动词（verb）、副词（adverb）、冠词（article）、介词（preposition）、连词（conjunction）和感叹词（interjection）。

通常，前面六类词语可以作为独立的句子成分，具备实在的词义，如名词可做主语、宾语、表语等，动词可做谓语，形容词常做定语，副词多做状语等，这些词称为实词（notional words）；而冠词、介词、连词和感叹词都不能作为独立的句子成分，只有语法意义，称为虚词（form words）。但某个英语词属于哪个词类并不能一概而论，因为在不同的搭配中，它所充当的成分是不同的。英语词的另一个重要特征就是一词多义。一个词，其词汇形式不同，如"-ing"和"-ed"形式词汇的具体意义是不同的，它在某一个句子中充当的成分不同，在该语言环境中的具体含义也是千差万别的。

例如，单词"double"可做形容词，在句子中做定语，表示"双倍的"意思，如：

double pay（双倍工资）

double ticket（双人票）

It will take double the time.（那要花双倍的时间。）

单词"double"可做副词，在句子中做状语，表示"双倍地"意思，如：

He was bent double with laughter.（他笑得前仰后合。）

单词"double"可做及物动词或不及物动词，在句子中做谓语，如：

double the number（数字翻番）

double the price（价格加倍）

double in size（大小翻倍）

double for sb（做某演员的替身）

The actor doubled as the king in Act Ⅲ.（这位演员在第三幕兼饰国王一角。）

单词"double"也可做名词，在句中做主语、宾语等，如：

the double of sb（跟某人一模一样的人）

play doubles（双打）

May I have a double room please？（我可以要一个双人间吗？）

汉语词的分类和英语基本一致，但一词多义的现象相比英语少很多。因此，译者在开始动手翻译英语单词之前，心中一定要清楚每一个词的词性是什么、在句中充当什么成分，这样才能在具体语境中找到单词最贴切的释义，而不是在字典上随意找一个释义来拼凑翻译。

# 第二节　英汉语词的理解与翻译

"语词"是指词或词组等独立的可以自由运用的最小的语言单位，也是语篇翻译中的基本单位。对语词的理解不深，或一知半解，或粗心大意，必然会造成误译或错译，进而影响对整个句子、段落和整篇文章的理解。

翻译过程中，无论是英译汉还是汉译英，首先遇到的正是对语词的理解和翻译。由于英汉两种语言在词汇方面存在较大差异，原文词义的辨析和译语用词的表达就成了英汉、汉英翻译的基本问题，也是影响译文质量的一个关键环节。

词义的理解是否得当，除对英汉语言的本身修养外，还涉及有关专业知识和文化背景知识。对于初学翻译的人来说，切忌望词生义，不求甚解，尤其是遇到一些常用的多义词时，除了在日常阅读时多加注意，翻译中更应勤查字典和有关工具书。在英译汉的过程中，译者选择和确定词义通常从以下几方面着手：

# 一、从词的语法分析来理解

对初学翻译的人来说，准确的理解往往离不开语法分析。语法分析主要从构词法、词性、涉指关系来分析词在句中充当的成分。

## （一）从词的构成来分析

词的形貌结构体现了词的自身含义，因此分析词的构成有助于弄懂词义，获得词的基本含义，从而为译入语的选词提供必要的参考依据。

此外，名词的单复数不同，其词义可能全然不同。例如：

force—力量　　　　　forces—军队

green—绿色　　　　　greens—青菜，蔬菜

finding—发现，探索　findings—研究成果，调查结果

work—工作　　　　　works—工厂，著作

damage—损失，损害　damages—赔偿金

air—空气　　　　　　airs—装腔作势，做作

## （二）根据词性判断词义

英语中一个词可以分别具有几种不同的词性。词的词性不同，其词义也有所不同。正确判断词性对理解词语的意义起着决定作用。例如，"Workers can fish." 此句中的 "can" "fish"，当它们被分别看作助动词和动词时，此句应译为"工人们能够捕鱼"；当它们被分别看作谓语动词和名词时，此句就变成了"工人们把鱼制成罐头食品"。

再以单词"right"为例加以说明。

【例 1】Your account of what happened is not right.（形容词）

【译文】你对发生的事情的叙述不太正确。

【例2】Go right on until you reach the end of the street.（副词）

【译文】一直朝前走，直到你到达街道的尽头为止。

【例3】I have the right to know the truth about the matter.（名词）

【译文】我有权利知道这件事的真相。

【例4】I hope your troubles will soon right themselves.（动词）

【译文】我希望你的困境很快就能扭转过来。

## （三）从涉指关系来分析

涉指关系指词在上下文中的照应关系，包括人称照应、指示照应和比较照应等。人称照应包括人称代词的各个格，代用词"one"，指示代词"such"，不定代词"some""any""each""both"等，以及一些限定词"much""many""few""little"等。指示照应包括名词性指示词"this""that""these""those"，以及副词性指示词"here""there""now""then"等。比较照应指有关涉及词的比较级形容词和副词。

【例1】It may be possible to build faster ships，but scientists believe that they couldn't travel as fast as light. So they would still have long journeys ahead of them.（人称照应）

【译文】虽有可能造出速度更快的飞船，但科学家相信这种飞船的速度不会达到光速，因此科学家还面临着漫长的探索道路。

【例2】Health is above wealth，for this cannot give so much happiness as that.（指示照应）

【译文】健康比财富更重要，因为财富不能像健康那样给人以幸福。

【例3】I hate blue shirt；white suits me but grey is the most preferable.（比较照应）

【译文】我讨厌穿蓝衬衫，喜欢穿白衬衫，但最喜欢穿灰衬衫。

## （四）从句子成分来分析

一个词语在句中充当的成分不同，其意义也不相同。特别是当某些词语从形式上看，既可用作这一成分，又可用作另一成分时，必须根据上下文和全句的意思做出准确的判断，否则就会产生理解错误。

【例1】The inventor began his scientific career as chemistry teacher.（介词短语用作状语修饰动词"began"）

【译文】这位发明家从化学教师开始了他的科学生涯。

【例2】His first act as an engineer was to labour in the workshop.（介词短语用作定语修饰名词"act"）

【译文】他当了工程师后的第一个行动是下车间劳动。

【例3】Successful scientist rejects authority as the sole basis for truth.（介词短语用作宾语"authority"的补足语）

【译文】有成就的科学家总是拒绝把权威当作真理的唯一基础。

【例4】I wrote four books in the first three years，a record never touched before.（逗号后面的部分为评价性质的附加语，对主句做补充说明，不能理解为"wrote"的宾语）

【译文】我在头三年里写了四本书，打破了以往的纪录。

## 二、根据上下文的逻辑关系来确定词义

一般一个孤立的英语单词的词义是不明确的。句中的词从其所处语法语义关系及其与其他词的涉指关系中获得词义，即当其处于特定的关系中时，它的词义将受到毗邻词的制约而稳定明确。这里的上下文包括词的搭配、一般意义和专业意义、词的文化背景知识、上下文提示、有关虚词的关联作用、逻辑关系等。因此，根据上下文的逻辑关系判定词义是词义辨析中非常重要的方法。

【例1】You should check your answers again and again before you hand in your paper.

【译文】你交卷之前应当反复核对答案。

【例2】I haven't checked my luggage yet.

【译文】我的行李还未寄存。

【例3】A change of wind checked the fire.

【译文】风向改变抑制住了火势。

【例4】Have you checked the examination papers yet，sir？

【译文】你改完试卷没有，先生？

【例5】Mr. Robert did not check in until yesterday.

【译文】罗伯特先生直到昨天才签到。

【例6】The woman guest has checked out of the room before 12 o'clock.

【译文】那位女房客已经在12时之前结账并离开了房间。

从词的一般意义和专业意义来理解。

【例句】I will give you all the help within my power.

【译文】我会尽力帮助你的。

此例为常用生活用语，"power"一词根据句中的情境，词义发生转变，此处翻译为"尽力"。

## 三、根据词的搭配

词的搭配是指词与词之间的一种横向组合关系。英汉两种语言在长期使用过程中各自形成了一些固定的词组或常见的搭配，这些搭配有时可以逐字译成另一种语言，有时则不行。造成英汉词语搭配差异的因素有三种：一是词在各自语言中使用范围大小不同。二是词在各自语言中引申意义有所不同。三是词在各自语言中上下文的搭配分工不同。因此，译者翻译时应注意英汉两种语言中词的搭配差异，在译语中选择恰当的语言来表达。具体有以下几点：

1.译者要注意定语和修饰语的搭配关系

【例1】open

an open book　一本打开的书

an open question　一个悬而未决的问题

an open river　一条畅通无阻的河流

open wires　裸线

open speech　开幕词

in the open air　露天

【例2】soft

soft pillow  软枕

soft cushion  靠垫

soft music  轻柔的音乐

soft breeze  和风

soft fire  文火

soft drink  不含酒精的饮料

soft heart  慈心

【例3】红

红糖  brown sugar

红茶  black tea

红运  good luck

红榜  honour roll

红豆  love pea

红颜  beautiful girl

【例4】场

足球场  football field

网球场  tennis court

高尔夫球场  golf course

溜冰场  skating rink

【例5】杯

咖啡杯  coffee cup

啤酒杯　beer mug

葡萄酒杯　wine glass

2.译者要注意搭配分工，如动词与宾语的搭配

【例 1】play

play chess　下棋

play football　踢球

play truant　逃学

play high　豪赌

play the piano　弹钢琴

play fire　玩火

play the flute　吹笛子

play with dice　掷骰子

play the hero　扮演英雄

play the fool　扮丑角

【例 2】develop

developing（developed） countries　发展中（发达）国家

develop a model　建立一个模型

develop a base　开辟一个基地

develop tourism　发展旅游业

develop natural resources　开发自然资源

【例 3】做

做衣服　make clothes

做文章　write an essay

做生意　do business

做证　give witness

做人　conduct oneself

做官　be an official

### 3. 动物的叫声在英汉语言中都有各自的表达法

汉语里描述动物的叫声使用最多的是动词"叫"，但英语中动物的拟声词十分丰富，各种动物的叫声都有自己的表达法。翻译时，如果不加区别地使用，就会出现搭配错误。例如，狗叫"Dogs bark"，蜜蜂嗡嗡叫"Bees buzz"，绵羊咩咩叫"Sheep bleat"，小鸡叽叽叫"Chickens peep"，鸭子呱呱叫"Ducks quack"。

# 四、注意词的语用色彩

注意词的语用色彩，即注意词义的运用范围、轻重缓急、褒贬色彩、语体色彩和政治含义。任何语言都有语体之分，有文雅、有通俗、有粗野，还有俚语、公文语及术语等。因此，为了忠实于原文的思想内容，译者在翻译时应正确理解原作者的基本政治立场和观点，在译语中选用适当的语言手段加以表达。

## （一）词义的运用范围及其侧重点

译者在翻译时应准确理解词的意义。比如，"country"表示国家的地理范畴，"nation"体现在共同的地域和政府下的全民概括，"land"给人以国土或家园之感，"state"指国家的政治实体，"power"表示国家的实力。又如，

"look""glance""stare""gaze""eye"和"peep"都表示"看"，但各个词的使用范围却有所不同。"look"是词义范围比较广泛且比较通俗常用的词，泛指"看"这个动作；"glance"是"一瞥"（short, quick look）；"peep"表示"偷看、窥视"（secret glance）；"gaze"表示"凝视、注视"（long steady look, often caused by surprise or admiration）；"stare"表示"盯着看、目不转睛地看"（very surprised look or very ill-mannered gaze）；"eye"表示"注视、察看"（watch carefully）。

再如，"offender""criminal"和"culprit"都有"罪犯"的意义，但其侧重点却有所差异。"offender"指任何违反法律的人，不一定受到法律的制裁，如 juvenile offender（少年犯）、an old offender（惯犯）；"criminal"指严重犯法的人，理应受到法律的制裁，如 war criminal（战犯）、habitual criminal（惯犯）；"culprit"指已被起诉的犯下罪行的人。

### （二）词义的轻重缓急

此部分举具体单词说明。英语中表示"笑"的词语有很多，如"laugh"是指"大笑"，"chuckle"是指"轻声地笑"，"smile"是指"微笑"，"guffaw"是指"放声大笑、狂笑"，"giggle"是指"傻笑"，"jeer"是指"嘲笑"，"smirk"是指"得意地笑"，"grin"是指"露齿一笑"。表示"哭"的词语也有很多，如"weep"是指"泣"，"teary"是指"含泪的"，"sob"是指"呜咽"，"yammer"是指"哭诉"，"howling"是指"大声地哭、哀号"，"cry"是指"大哭"。

【例1】我国的进出口贸易总额有了较大幅度的增长。

【译文】There has been sharp increase in the total volume of imports and exports.

分析："sharp increase"是"激增"的意思，可改译为"big increase"。

【例2】我们必须广泛利用现代科学技术的新成就。

【译文】We must utilize the results of modern science and technology on a wide scale.

分析："成就"译为"results"太轻了，可改译为"achievements"。

## （三）词义的褒贬和语体等感情色彩

词语的感情色彩取决于该词在交际情境中的使用情况，反映了作者运用某一词语时所赋予它的或肯定、或否定、或尊敬、或诅咒、或古朴典雅、或庄严肃穆、或诙谐幽默等意义。例如，"ambition"的词义既可做褒义，又可做贬义，完全取决于它在句中所含的潜在态度。

【例1】It is the height of my ambition to serve the country.

【译文】报效祖国是我最大的志向。

【例2】We have no ambition for that distinction.

【译文】我们并不奢望得到这个荣誉。

【例3】That politician is full of ambition.

【译文】那个政客野心勃勃。

【例4】Her ambition is unbounded.

【译文】她欲壑难平。

【例5】Now some of the young men in our society are without ambition.

【译文】现在社会上有些年轻人胸无大志。

【例6】She writes in an ambitious style.

【译文】她的文风矫揉造作。

【例 7】The president has announced his ambitious program to modernize the country in fifteen years.

【译文】总统宣布了一项规模宏大的计划，以在 15 年内实现国家的现代化。

在所指事物相同的情况下，一组同义词中的各个词可以分别用于不同的文体中，有的适用于一般文体，有的适用于正式文体，有的适用于非正式文体。因此，译者在翻译时应注意词的文体特征。

英语词分为实词和虚词，汉语词也有同样的分类。实词指有实在意义的词，表示事情、事物、感情、观点等。虚词则不表示具体的概念。英语中的虚词包括冠词、感叹词、连词和介词。由于没有实际的意义，翻译英语虚词时需要根据具体的语境和搭配决定如何将其译入中文。

## 五、冠词的翻译

冠词是虚词的一种，没有独立的意义，只能依附在名词之前，包括不定冠词"a/an"和定冠词"the"。与汉语不同，英语冠词的存在非常广泛，含义也很丰富。不定冠词"a/an"与数词"one"同源，表示"一个"；定冠词"the"与"this"和"that"意思接近，表示"这个"或"那个"，只是指示程度比较弱。一般说来，不定冠词泛指某个事物或人，定冠词特指一个或几个事物或人。而汉语的名词前面是没有冠词的，名词本身也没有明确泛指或者特指的概念。因此，在英汉翻译的时候，译者要根据具体的语言环境决定如何处理名词前面的冠词。

You should take the medicine three times a day.（这个药每天吃三次。）

You'd better take some medicine.(你最好吃点儿药。)

Pass me the salt.(把盐递给我。)

Please give me some salt.(请给我点儿盐。)

另外，英语的专有名词、抽象名词和物质名词前一般不加冠词。但需要注意以下情况中加冠词和不加冠词之间意义的区别。

Do you like the music？（你喜欢这音乐吗？）

I have passion for music.(我酷爱音乐。)

He took the advice immediately.(他立刻接受了这个意见。)

Good advice is beyond price.(好意见是无价之宝。)

在英汉翻译中，英语冠词的翻译一般涉及如下情况：

## （一）冠词的省译

由于不定冠词后面所跟的名词通常是前文没有出现过的事物或者人，一般来说，省译的相对较少；而定冠词后面的名词大多数是之前出现过的，很多时候会被省略。

【例1】A man came out of the room.

【译文】一名男子从屋里走出来。

汉语名词本身没有指示单复数的作用，因此需要用数量词表示出来。例1中的"a man"被翻译成了"一名男子"，应当是前文中没有提到过的人物或者讲话参与者所不知道的人，因此不定冠词是翻译出来的；"the room"表示大家都知道的房间，所以定冠词"the"就省略了。也有一些情况是省略不定冠词的。

【例2】I haven't got a thing to wear.

【译文】我没有衣服可穿。

例2中原文中的不定冠词"a"没有被翻译出来，直接与前面的"haven't got"融合，译为"没有衣服"。

### （二）冠词必须翻译的情况

英语的冠词在一些情况下是必须翻译出来的。

【例1】He died on a Monday.

【译文】他是在一个星期一去世的。

例1中的"a"表示"某个"，并不是所有星期一中的随意一个，而是说话者不确定死者去世的时间具体是什么时候，用"Monday"表示一个比较模糊的时间概念。如果省略了"a"，变成了"他是在星期一去世的"，意思就和原句相去甚远了。

【例2】The news made her all the sadder.

【译文】这消息让她更加悲伤。

定冠词"the"用在"all"与形容词比较级之间，表示"更加……"因此在译文中这个定冠词是与其搭配词的语义融合在一起的；而"the news"当中的定冠词表示"她"当时所听到的那一则特定的消息，所以在译文中翻译为"这"，表示强调。

## 六、感叹词的翻译

我们在英语学习过程中常常会碰到大量的英语感叹词。英语感叹词是英语词类中的一种。正确理解、运用感叹词，对理解文章、疏通文理、解读感情都具有很重要的作用。学习者要想准确无误地把握英语感叹词，首先应从了解感叹词的特点及基本用法入手。

英语感叹词是人们谈话时表达某种感情或反映自身心理情绪、状况的词语。在任何一句话中，只要有感叹词的存在，就能够用来表达说话人表面的或内心的情感。英语感叹词多用于口语中，在小说、戏剧、影视等的人物语言中尤为突出。通过英语口语练习我们可以感受到，英语感叹词是一种特殊的声音。它可以增添文章的色彩，增强人物语言的表现力，更清楚地展现人物的性格。英语感叹词能表现各种各样的思想感情，如惊奇、兴奋、痛苦、满足、喜悦、沮丧、失落等。这些感叹词一旦在文章或某个单句中出现，就会给听者或读者留下强烈的印象。

英语感叹词虽然能表达人们说话时各种不同的思想感情，但在很多情况下，它本身没有具体的词汇意义。要判断感叹词在言语中到底表现着一种什么样的情感，仅仅从它自身来判断是较困难的，应联系说话人谈话的内容、对象、方式，以及其他语言环境中上下文意义和标点符号等来判断。

英语感叹词在言语中的作用是很明显的，如可以起到加强语气、引起注意、烘托气氛、突出人物性格、增添文章色彩等作用。下面将一些常见的英语感叹词的基本用法列出，以便读者可以具体体会各种感叹词所表达的不同情感。

## （一）用作句子的开头语

1. 表示赞同与不赞同

常用的开头语有"yes"和"no"以及两个词的多种变形词，如"yeah""yep""all right""certainly OK""sure enough""very well""nah"

和"nope"等。例如：

Yes，you are right.（对，你很正确。）

No，I don't agree with you.（不，我不同意你的意见。）

OK，you can stop here.（好的，你可以停在这里。）

No，I don't think he will come.（不，我认为他不会来。）

2. 引起注意

常用的开头语有"hey""hi""listen""look""say""tell me"和"you know"等。例如：

Hey，how are you？（喂，你好吗？）

Say，what did he tell you？（喂，他都告诉了你什么？）

Look！The train is coming.（瞧，火车来了。）

3. 表示沉默或犹豫

这类词是说话人为了争取时间调整思绪而发出的声音，常用的有"oh""now""ugh""well"等。例如：

Oh，it's time went home.（哦，我该回家了。）

Well，maybe you're right.（好吧，也许你是对的。）

Now，don't cry any more.（好了，别再哭了。）

## （二）用作自发性的反应语（感叹语）

这类词或词组表示说话人对惊奇、恐惧、痛苦、悲伤、欢乐、厌恶、愤怒、勉强、怀疑等做出的自发反应，常用的有"ah""oh""ouch""wow"等。例如：

Aha，there's car coming！（啊哈，有辆车来了。）（兴奋）

Ouch，my foot！（哎呀！我的脚啊！）（疼痛）

Wow，your English is so good！（哇，你的英语真棒！）（惊奇，羡慕）

## 七、连词的翻译

连词主要在句子当中起连接作用，连接词与词或者分句与分句。英语连词包括从属连词和并列连词。从属连词引导从句，如"that""which""when""where""if"等。并列连词连接两个并列的词、短语或分句，包括"and""or""but"等。

【例】If teachers，parents and psychologists understand the mistakes that can be made in ascribing a meaning to life，and provided they do not make the same mistakes themselves，we can be confident that children who lack social feeling will eventually develop a better sense of their own capacities and of the opportunities in life.

【译文】假如教师、父母和心理学家们理解在赋予生命意义时可能犯下的错误，并且他们自己没有犯同样的错误，我们才可以相信：缺乏社交情感的孩子最终会对自己的能力及生活中的机会具有更佳的判断。

与英语不同，汉语是一种意合性语言，很多地方的连词是省略了的，如"你、我、他"，而形合性语言的英文就必须说成"you, he and me"，这个and是不可省略的连接词。根据上面这段英文的译文，我们也可以体会出汉语意合的一些特征。

译文中只出现了两个连词，原文所有的从属连词全部融入整个句子的意思中了。由于汉语的意合性，汉语的词和词之间、词组之间与句子之间常常没有明显的连词，而是靠人们约定俗成的语言内在逻辑串联起来的，连接得非常灵活。我们常说的"尽在不言中""言下之意"或"不言自明"，便是对汉语这个特征的最好写照。而英语的形合性决定了英语行文的结构严密、语法规范。英语连词是虚词的一种，其语法功能远远大过其实际意义。所以，在英译汉的时候，一定要注意英汉之间形合和意合的差别。在翻译连词时，译者可根据具体的语境选择省译、增补、转译等方法。

## （一）连词的省译

连词的省译，可使译文的意合性增强。

【例1】Do you want your coffee with or without sugar ？

【译文】您的咖啡要不要加糖？

【例2】I can't come today or tomorrow.

【译文】我今明两天都不能来。

这两个句子当中的"or"在翻译当中都被省略了，直接意合为"要不要"和"今明两天"。

## （二）连词的增补和转译

英语连词的翻译难度不大，但是译文要符合汉语的语言习惯和行文规范，有时候会涉及英语连词的增补和转译。这需要译者对原文的深层逻辑关系有准确的把握。

【例1】He went and lost my pen ！

【译文】他居然把我的钢笔弄丢了！

这个句子中的"and"没有实际的连接意义，只是在"and"之后表示说话者的惊讶或愤怒。因此，在译文当中，我们完全找不到类似"和""且"

等表示连接的字或者词。

【例 2】We got there nice and early.

【译文】我们早早就到了那里。

同样, 这个句子中的 "and" 在翻译时也意合到了整个语境中, 译为 "早早就"。

## 八、介词的翻译

英语当中的介词用法繁多, 所起的作用也各不相同。一般来说, 介词按结构可分为: 简单介词如 "about" "up" "during" 等, 合成介词如 "alongside" "inside" "throughout" 等, 带 "-ing" 词尾的介词如 "barring" "following" 等, 短语介词如 "according to" "on behalf of" "together with" 等。如果按照意思分类, 介词又可分为: 引导时间短语的介词如 "at" "on" "till" 等, 引导地点短语的介词如 "in" "between" "among" 等, 引导其他短语的介词如 "with" "in spite of" "owing to" 等。不管如何分类, 所有的介词都没有独立的意思, 也不能在句子中作为独立的成分存在, 只能与名词、代词、动名词、另一个介词、副词或形容词等以介词短语的形式在句中充当成分。

在英汉翻译当中, 介词的翻译也是非常灵活的, 经常会根据具体语境处理为汉语的动词, 也可译成汉语的介词、定语、状语, 或采用成语转译, 甚至省译。

【例 1】She is out of work.

【译文】她失业了。

【例 2】The old man is familiar with the town.

【译文】那位老人对这个镇很熟悉。

【例 3】The house next to ours was burnt down last week.

【译文】我家旁边的房子上周被烧毁了。

【例 4】At last he went back on foot.

【译文】最终他还是走回去了。

【例 5】What are the major differences between British English and American English？

【译文】英式英语和美式英语有什么主要的区别？

【例 6】He fell for her at first sight.

【译文】他对她一见钟情。

# 第三节　英语特殊结构句的翻译

## 一、汉语无主句、无宾句的处理

在翻译汉语无主句时，译者可以使用以下几种方法：

（1）补上人称代词作为主语，这是在口语体翻译中常用的一种办法。

（2）补上语义比较虚泛的名词当主语。

（3）转为英语被动语态，这种方法常用于正式文体，如科技论文。

（4）将汉语句子中的其他非主语成分转成英语主语。

（5）补上省略的宾语。

## （一）补上人称代词作为主语

【例】加强思想政治工作，讲艰苦奋斗都很必要，但只靠这些还是不够。①

【译文 1】It is most essential to strengthen ideological and political work and stress the spirit of hard struggle，but counting just on these will not suffice.

【译文 2】Although we have to strengthen ideological and political work and stress the need for hard struggle，we cannot depend on those measures alone.

分析：译文 1 来自《北京周报》，机械地将"只靠这些"译成"counting just on these"，但使用"counting"充当英语主语不是十分常用和地道的。由外文出版社翻译的译文 2 改用添加人称代词主语"we"的办法，读上去更口语化、更顺畅。

## （二）补上语义虚泛或具体的词语充当主语

【例】过去，只讲在社会主义条件下发展生产力，没有讲还要通过改革解放生产力，不完全。

【译文】In the past we only stressed expansion of the productive forces under socialism without mentioning the need to liberate them through reform. That conception was incomplete.

分析："不完全"可视为"这不完全"的省略形式，英译时可补上主语。补上的主语可以是较虚的"that"，也可以在可能的范围内将其更具体化一些。上面译文补上了"That conception"，比"that"更具体、更清楚。

---

① 邓小平 . 邓小平文选 [M]. 北京：线装书局，1995.

## （三）转为被动语态

【例】基本路线要管一百年，动摇不得。

【译文】The basic line should be adhered to for 100 years，with no vacillation.

分析：以上译文采用被动语态进行处理，语义正确，在书面语中比较妥当。但在口语体中，应避免使用被动语态，可采用添加人称代词当主语，如"We should adhere to the basic line for a hundred years，with no vacillation."

## （四）将非主语成分转为主语

【例】自然而然地也能感觉到十分的秋意。

【译文1】And a sense of the fullness of autumn will come upon you unaware.

【译文2】And an intense feeling of autumn will of itself well up inside you.

分析：上述两个译文是从客观角度翻译的，都将原句谓语动词译为译文中的主语。

## （五）补上省略的宾语

汉语动词往往没有宾语，隐含的宾语需要读者自己通过推理得出。例如，某人说："我有如下一个建议……"另一人说："我接受。""接受"的隐含宾语就是"建议"。英语中及物动词较多，不宜说"accept"，应说"accept it"，必须把宾语显示出来。


# 二、省略句

语言的使用以简洁为贵。人们在说话、写作和翻译时，有时出于句法和修辞的需要，常常省去某些不必要的成分，而意思仍然完整。这种缺少一种或一种以上成分的句子被称为省略句。英语和汉语中都存在省略句。省略的形式多种多样，可以是主语、谓语和宾语，也可以是一个成分或多个成分。对省略句的翻译，不管是英译汉，还是汉译英，关键就在于对省略成分的准确理解，然后翻译时根据译文语言的表达习惯，增加或省略被省略的成分。如果看不清楚被省略的部分，就会产生误解，导致翻译错误。下面探讨翻译省略句的常用方法。

### （一）原文中省略的部分，译文中补出

省略是英语句子的一种习惯用法。英语句子中的某个或某些成分有时在句中可以不必出现，或者前面已出现过的某些成分，为了避免不必要的重复，后面可以不再出现。英语中的各种成分，如主语、谓语动词、表语、宾语、定语和状语等，都可以在句中省略。但翻译时，为了准确理解被省略的成分，可将其在译文中补出。

【例1】The symbol for hydrogen is H；for oxygen，O；for nitrogen，N.

【译文】氢的符号是 H；氧的符号是 O；氮的符号是 N。（增加主语）

【例2】Courage in excess becomes fool hardiness, affection weakness, thrift avarice.（省略定语和谓语动词）

【译文】过度的勇气变为蛮勇,过度的爱变为溺爱,过度的节俭变为贪婪。

【例3】Truth speaks too low，hypocrisy too loud.（省略谓语动词）

【译文】真理讲话声太低，虚伪嗓门太大。

### （二）原文中省略的部分，译文继续省略

英语中被省略的部分，有时根据译文需要，也可以在译文中省略。例如，有些从句中省略了和主句中相同的部分，此时根据需要，可以省略原文中被省略的部分，尤其是由"than"引导的比较从句，从句中被省略的部分常常不译。

【例1】What if the sun is not shining？（what will happen if...）

【译文】如果没有太阳照耀，那怎么办？

【例2】In 1975, the number of students in our school is about five hundred, and in 2005，over four thousand.

【译文】1975年，学校的学生人数为500人左右；2005年，已超过4000人。

【例3】The culture and customs of America are more like those of England than of any other country.

【译文】美国的文化和风俗习惯与其他国家相比，和英国最为接近。

在汉译英时，有时根据英语的行文表达习惯，也可以省略一些成分。

## 三、倒装句

一般来说，英语陈述句的正常词序为"主语＋谓语动词＋宾语（或表语）＋状语"。但英语的词序比较灵活，有时为了强调句中某一成分，从修辞角度考虑，可将句中的有关成分提前，构成倒装。英语的倒装可分为结构性倒装和修辞性倒装两大类。倒装句的翻译关键在于对倒装句的理解，而理解的关键在于对句子做出正确的语法分析，找出句子的主干，确定什么成分被倒装。一般来讲，翻译结构性倒装，汉语可采用正常语序；翻译修辞性倒装，可根据译文的需要，或保留原文语序，即仍然在汉语中使用倒装语序，或采用正常语序。

### （一）结构性倒装的翻译

结构性倒装是由语法结构的需要引起的倒装，主要包括疑问倒装、结构倒装、虚拟倒装，以"there""here""then""thus""now""so""nor"和"neither"等副词位于句首引起的倒装。结构性倒装的翻译一般采取正常语序。

【例1】Are you fond of country music？

【译文】你喜欢乡村音乐吗？

【例2】There is nothing on the table.

【译文】桌子上什么也没有。

【例3】Had they been given more help，they would not have failed.

【译文】假如给予他们更多的帮助，他们就不会失败了。

【例4】Tom didn't like sports programs. Nor did his wife.

【译文】汤姆不喜欢体育节目，他的妻子也不喜欢。

## （二）修辞性倒装的翻译

修辞性倒装的目的是加强语气，或避免头重脚轻。它包括句首为表示地点的介词或介词短语、否定倒装、让步倒装、"only"位于句首引起的倒装、为了叙述方便或使情景描写更加生动形象而引起的倒装等。这类语句根据需要可采用正常语序或倒装语序进行翻译。

【例1】Little do we suspect that the region is rich in water resources.

【译文】这一地区水利资源丰富，我们对此深信不疑。（正常语序）

【例2】Talent，Mr. Robert has；Capital，Mr. Robert has not.

【译文】说到才能，罗伯特先生是有的；谈到资本，他却没有。（倒装语序）

【例3】Tired as he was，my brother went on working.

【译文】虽然累了，我的哥哥仍然坚持工作。（正常语序）

【例4】Most information we get from him.

【译文】大部分消息我们是从他那里得来的。（倒装语序）

## 四、分词短语和分词独立结构的翻译

分词短语可分为现在分词短语和过去分词短语。一般来说，分词短语的翻译并不难，可根据它们在句中充当的成分译成汉语中相应的成分。这里主要探讨分词短语做状语时的翻译。分词短语做状语，可表时间、原因、方式、结果、条件和伴随状况等逻辑关系。分词短语翻译的关键在于要准确理解分词短语与句子谓语动词之间的逻辑关系，然后在译文中补充表示相应逻辑关系的词语。

【例1】Not knowing the language，he didn't know how to ask the way.

【译文】他因为不懂语言，不知道怎样问路。（表原因）

【例2】The hunter fired，killing a fox.

【译文】猎人开枪打死了一只狐狸。（表结果）

【例3】Shouting loudly，the children ran to the zoo.

【译文】孩子们大声喊叫着朝公园跑去。（表伴随）

【例4】Having more money，I could afford to buy the house.

【译文】如果有更多的钱，我就能买下这座房子了。（表条件）

【例5】Being metal，mercury is not solid.

【译文】汞虽是金属，但不是固体。（表让步）

【例6】Coming out to the street，I felt a bit cold.

【译文】来到大街上之后，我感到有点儿冷。（表时间）

当分词短语做状语，带有自己的逻辑主语时，这种结构称为独立结构。独立结构可表示时间、原因、条件或伴随状况等逻辑关系。分词独立结构的翻译关键在于弄清楚独立结构表示什么关系，然后在译文中补充表示相应逻辑关系的词语。

【例7】Weather permitting，we will have the match.

【译文】如果天气允许，我们就举行比赛。（表条件）

【例8】Her leg wounded，Ellen could do nothing but stay at home.

【译文】腿受伤了，埃伦只好待在家里。（表原因）

# 五、并列结构句

汉语的动词没有形态变化，所以从表面形式上看并列的结构较多。英语动词可以呈现不同的形态，如动词原形、动词不定式、分词等。此外，在汉译英中常出现词性转换的情况，如汉语动词可转为英语名词、介词等。因此，在英译的过程中，汉语的并列结构常转为不并列的结构而失去原汉语的平衡美感。有时译者应有意识地保持英译文中词汇形态的一致性和结构的平衡性。如果出现形态不一致，可以改变英译文中词汇的词性、词形，甚至增补语义不明显的词汇，以求形态一致。

当然，有时汉语句型结构也会比较随意。翻译时如发现汉语语义上并列，但结构上未处于并列关系，译者应调整词序，使它们处在相应的结构上，这样可增强译文的平衡感和可读性。

## （一）把汉语并列结构译成英语并列结构

【例】现在，我们发展社会主义市场经济，与马克思主义创始人当时所面对和研究的情况有很大不同。

【译文1】At present，we are putting in place socialist market economy. But the conditions we are faced with are quite different from those the founders of Marxism were faced with and studied.

【译文 2】At present，we are putting in place socialist market economy. But the conditions we are faced with are quite different from those the founders of Marxism faced and studied.

分析：通常认为第二种译法质量较好，该译文用主动的"face"，既与"studied"平衡并列，又避免了与前面的"are faced with"重复。

### （二）把汉语非并列结构改成英语并列结构

【例】鼓励、支持和规范社会力量办学、中外合作办学。

【译文】The government will encourage，support and standardize school management by non-governmental sectors or by Chinese-foreign cooperation.

分析："社会力量"是具体名词，"中外合作"是抽象名词，如果译成"by non-governmental sectors or by Chinese-foreign cooperation"，未取得平衡，因为"sectors"是具体名词，"cooperation"是抽象名词。如果把"cooperation"换成"undertakings"，这一问题便可以解决。

## 六、被动句

语态是动词表示主语与谓语关系的一种形式，可分为主动语态和被动语态两种。主动与被动虽是人类认识客观世界的两种不同的角度，但表达了同一个事实。两者在意义上的差别在于：主动语态表示主语是谓语动词动作的执行者，叙述强调的是动作；被动语态表示主语是谓语动词动作的承受者，叙述强调的是动作完成后所呈现出来的状态。

主动与被动表现形式的差异主要取决于语言自身的特点，但同时与一个民族的文化和思维方式有关。中国文化的最高境界是"天人合一"。中国的传统哲学注重物我合一，强调思维上的整体观，在"物"与"人"的关系上，强调"万物与我为一"，也就是说，在人和万物之间和谐统一的关系中，人要起主导作用，体现了中国人思维模式中的主体意识。这种主体意识使中国人认为行为和动作一定是"人"这个主体才能进行和完成的，于是汉语中许多时候，不管是主动意义还是被动意义，句子多用主动句来表示。古希腊哲学家普罗泰戈拉提出的"人是万物的尺度"讲究物我分明，主客体对立。所以，在西方人的思维中，强调物时，就是客体意识；强调人时，就是主体意识。这体现在主动和被动的使用上，强调"人"即动作的执行者时，就用主动句；强调"物"即动作的对象时，就用被动句。

英语是形合语言，具有丰富的形态变化，特别是动词。英语的被动句是由被动语态来表达的，由"be+动词的过去分词"构成，是显性的。汉语是意合语言，基本上没有形态变化，动词本身也不具备被动语态，所以汉语被动含义的表达缺乏形态形式标志，是隐性的，是依靠其他手段实现的。

## （一）英语被动句的翻译

### 1.译为汉语带形式标志的被动句

英语的被动句表示的是不幸或不愉快的事，而且句中带有施事者，可以将其译为汉语的被动句，用"被""给""让""叫""由""为……所"等词引出动作的执行者。英语的被动句并没有表示不幸或不愉快的事情，但句中有动词不定式、名词、形容词等表示主语的补足语，也可译为汉语的被动句。

【例1】The young man was shot yesterday by a man in stocking mask.

【译文】一位年轻男子昨天被一蒙面男子枪杀了。

【例2】The young woman was abandoned by her husband.

【译文】这个青年妇女被她的丈夫遗弃了。

【例3】The patient is being operated on by the doctor.

【译文】病人正在由医生动手术。

2. 借助汉语的词汇手段表示英语的被动句

【例1】Our foreign policy is supported by the people all over the world.

【译文】我们的对外政策受到全世界人民的支持。

【例2】Poets are born，but orators are made.

【译文】诗人是天生的，而演说家则是后天造就的。

【例3】Private enterprise and industry were permitted and encouraged.

【译文】私人企业和工业得到了许可和鼓励。

3. 译为汉语的意义被动句

英汉两种语言中都有意义被动句，它们形式上是主动句，但从逻辑意义上分析，却是被动句。汉语中的意义被动句比英语中的意义被动句多很多，因此不少英语被动句可译成汉语的意义被动句。

【例1】Too many books have been written about the Second World War.

【译文】关于第二次世界大战的书写得太多了。

【例2】His pride must be pinched.

【译文】他这股傲气应该打下去。

【例3】On their domestic stations, the situation in the Middle East was dismissed brief.

【译文】在他们国内的广播中，中东形势只简单地报道了一下。

4. 状语译为主语、原主语译为宾语的被动句

当被动句中有由介词"by"引起的状语时，可将这种状语译成汉语的主语，而将原主语译为宾语。

【例1】The result of the invention of the steam engine was that human power was replaced by mechanical power.

【译文】蒸汽机发明的结果是机械力代替了人力。

【例2】By the end of the war，800 people had been saved by the organization.

【译文】大战结束时，这个组织救了800人。

5. 译为汉语的泛指人称句

通过增加泛称主语，如"人家""大家""别人""有人""人们"等，将英语被动句译为泛指人称句。

【例1】They were seen repairing the machine.

【译文】有人看见他们在修理机器。

【例2】I did not recognize him until he was pointed out to me.

【译文】我起先认不出他，后来等到别人指出才知道。

【例3】They were said to be building another bridge over the river.

【译文】有人说他们正在这条河上建另一座桥。

6. 译为汉语的无主句

【例1】These instruments must be handled with great care.

【译文】必须小心操作这些仪器。

【例 2】Attention has been paid to the new measures to prevent corrosion.

【译文】已经注意到采取防腐新措施。

7. 译为汉语的"把字句"

【例 1】These questions should not be confused.

【译文】不要把这些问题混在一起。

【例 2】In the first battle of this period two divisions were disarmed and two commanders were captured.

【译文】第一仗就把敌军两个师解除了武装，俘虏了两位师长。

8. 译为汉语的"进行句"

【例 1】The dinner is cooking.

【译文】晚饭正在做。

【例 2】The film is showing in cities.

【译文】这部电影正在市内各电影院放映。

9. 常见被动式句型的译法

英语中有不少常用的被动结构，一般已有习惯的译法。例如：

The principle of ... is outlined.　本文概述……的原则。

An account of ... is given.　本文叙述……

An analysis of...was carried out.　本文做了……的分析。

be known as...　被称为……

be spoken of as...　被说成……　……被称为……

considered to be...　被认为……　被看作……

be treated as...　被当作……

be defined as..　被定义为……　定义是……

It is said that...　据说……

It is reported that...　据报道…

It is found that...　人们发现……

It is supposed that...　据推测……　假定……

It is announced( declared，claimed )that...　据称……　有人宣称……

It is asserted that...　有人主张……

It should be pointed out that...　必须指出……

It must be admitted that...　必须承认……

It is generally agreed( recognized )that...　人们通常认为（承认）……

It is demonstrated that...　据证实……　已经证明……

It is well known that...　众所周知……　大家都知道……

## （二）汉语句子向英语被动句的转换

1.将一些表示情感变化的主动句译为英语的被动句

汉语中表达由客观环境造成的处境、感受和情感上的变化时，句子常用主动语法。而英语在表达由客观环境造成的处境、感受和情感上的变化时，句子常用被动语法。

【例1】敌军官听说后路已被切断，吓得目瞪口呆。

【译文】The enemy officer was stunned by the news that the route of retreat had been cut off.

【例2】知识分子的问题就是在这样的基础上提出来的。

【译文】On such a basis has the question of the intellectuals been raised.

【例3】这件事感动了上帝，他就派了两个神仙下凡，把两座山背走了。

【译文】God was moved by this，and he sent down two angels，who carried the mountains away on their backs.

2. 将一些汉语中的话题评说句译为英语的被动句

汉语中有一些话题评说句，这类句子可以被译为英语的被动句。汉语中还有一些存现句，也可以被译为英语的被动句。

【例】国际争端应在此基础上予以解决，而不诉诸武力和武力威胁。

【译文】International disputes should be settled on this basis，without resorting to the use or threat of force.

3. 将汉语中的一些意义被动句译为英语的被动句

【例】那不行！前天董事会已经派定了用场。①

【译文】Nothing doing there，I'm afraid. All the money was allocated to various uses at the board meeting the day before yesterday.

4. 将汉语中的无主句和泛指人称句译为英语的被动句

无主句是汉语中经常使用的句型，这类句子通常省略主语或隐含主语。处理这类句子最常用的方法就是将其译为被动句。泛指人称句中的主语是"大家""人家""有人""他们"等，这类句子主语所指不确定，其重要性不及宾语，因此常将这类句子译为被动句。

【例1】可以有把握地说，会议会如期召开的。

【译文】It may be safely said that the meeting will be held on schedule.

---

① 茅盾. 子夜 [M]. 北京：中国青年出版社，2013.

【例 2】弄得不好，就会前功尽弃。

【译文】If things are not properly handled，our labour will be totally lost.

【例 3】我们大家应当把地球作为一个整体去研究解决环保问题。

【译文】The problem of environmental protection should be recognized and resolved in the light of that the earth is a whole subject.

5. 将汉语中一些被动句直接译为英语的被动句

这类句子主要有两种：

一是带被动标志（如"被""为""叫""给""由""为……所"等）的被动句。二是借助词汇手段，如"受（到）""遭（受）""蒙""挨""得到""加以""给以""予以"等构成的被动句。

【例 1】社会上形形色色的人被区分得一清二楚。

【译文】People of all sorts in our society have been clearly reveal for what they are.

【例 2】他深受大家的尊敬。

【译文】He is greatly respected by everyone.

6. 将汉语中的"是……的"结构译为英语的被动句

汉语中的"是……的"结构，用来说明一件事是怎样的，或在什么时间、什么地点做的，带有解释的语气，英译时常常被译为被动句。

【例】那部科幻小说是我的一个朋友译成中文的。

【译文】The science fiction has been translated into Chinese by a friend of mine.

7.将汉语中的"把"字句和"使"字句译为英语的被动句

汉语中有一些"把"字句和"使"字句，根据表达的需要，可以被译为英语的被动句。

【例】把他们吓得魂不附体。

【译文】They are scared out of their wits.

# 七、定语从句的翻译

## （一）限制性定语从句的翻译

限制性定语从句对所修饰的先行词起限制作用，与先行词关系密切，不用逗号隔开。译者在翻译这类句子时可以采用以下方法：

1.前置法

前置法就是将英语限制性定语从句译成带"的"字的定语词组，放在被修饰的词前面，从而将复合句译成汉语单句。这种方法常用于比较简单的定语从句。

【例1】Everything that is around us is matter.

【译文】我们周围的一切都是物质。

【例2】That is the reason why I did it.

【译文】这就是我这样做的原因。

【例3】The man who doesn't try to learn from others cannot hope to achieve much.

【译文】一个不向别人学习的人是不能指望有多少成就的。

【例4】The few points which the president stressed in his report are very important indeed.

【译文】院长在报告中强调的几点的确很重要。

2. 后置法

如果定语从句的结构比较复杂，译成汉语前置定语显得太长而不符合汉语表达习惯时，可以译成后置的并列分句。

首先，可以译成并列分句，省略英语先行词。

【例1】He is a surgeon who is operating patient on the head.

【译文】他是一位外科医生，正在给病人的头部动手术。

其次，可以译成并列分句，重复英语先行词。

【例2】She will ask her friend to take her son to Shanghai where she has some relatives.

【译文】她将请朋友把她的儿子带到上海，在上海她有些亲戚。

3. 融合法

融合法是把原句中的主句和定语从句融合在一起译成一个独立句子的一种方法。

【例】There is a man downstairs who wants to see you.

【译文】楼下有人要见你。

## （二）非限制性定语从句的翻译

英语非限制性定语从句对先行词不起限定作用，只对它加以描写、叙述或解释。译者翻译这类从句时可以运用下列方法：

1. 前置法

一些较短的且具有描写性的非限制性定语从句可以译成"的"字前置定语，放在被修饰词的前面。

【例1】The emphasis was helped by the speaker's mouth, which was wide, thin and hard set.

【译文】讲话人那又阔又薄又紧绷的嘴巴，帮助他加强了语气。

【例2】He liked his sister, who was warm and pleasant, but he did not like his brother, who was aloof and arrogant.

【译文】他喜欢热情、快乐的妹妹，而不喜欢冷漠、高傲的哥哥。

2. 后置法

后置法的处理主要有以下两种情况：首先，译成并列分句。

【例1】After dinner, the four key negotiators resumed the talks, which continued well into the night.

【译文】饭后，四位主要人物继续进行谈判，一直谈到深夜。

其次，译成独立分句。

【例2】They were also part of a research team that collected and analyzed data, which was used to develop a good ecological plan for efficient use of the forest.

【译文】他们还是一个研究小组的成员，这个小组收集并分析数据，用以制订一项有效利用这片森林的完善的生态计划。

### （三）兼有状语功能的定语从句

英语中有些定语从句兼有状语从句的功能，在意义上与主句有状语关系，说明原因、结果、目的、让步、条件、假设等关系。译者在翻译时，应根据原文发现这些逻辑关系，然后译成汉语的各种相应的偏正复合句。

1. 译成时间偏正句

【例】Electricity which is passed through the thin tungsten wire inside the bulb makes the wire very hot.

【译文】电通过灯泡里的细钨丝时，会使钨丝变得很热。

2. 译成目的偏正句

【例】He wishes to write an article that will attract public attention to the matter.

【译文】他想写一篇文章，以便引起公众对这件事的注意。

3. 译成结果偏正句

【例】There was something original，independent and heroic about the plan that pleased all of us.

【译文】这个方案富于创造性、独具匠心、很有魅力，我们都很喜欢。

4. 译成让步偏正句

【例】The question，which has been discussed for many times，is of little importance.

【译文】这个问题尽管讨论过多次，但没有什么重要性。

5. 译成条件、假设偏正句

【例】The remainder of the atom，from which one or more electrons are removed，must be positively charged.

【译文】如果从原子中移走一个或多个电子，则该原子的其余部分必定带正电。

# 八、名词性从句的翻译

## （一）主语从句的翻译

以 "what" "whatever" "whoever" 等代词引导的主语从句可按原文的顺序翻译。其中，以 "what" 引导的名词性关系从句可译为汉语的 "的"

字结构，或在译成的"的"字结构后适当增词。

【例1】Whoever did this job must be rewarded.

【译文】无论谁干了这份工作，都应该得到酬谢。

【例2】What he told me was half-true.

【译文】他告诉我的是半真半假的东西而已。

以"it"做形式主语的主语从句，在翻译时根据情况而定，可以将主语从句提前，也可以不提前。

【例1】It doesn't make much difference whether he attends the meeting.

【译文】他参加不参加会议没有多大关系。

【例2】It seemed inconceivable that the pilot could have survived the crash.

【译文】驾驶员在飞机坠毁之后，竟然还活着，这几乎是不可想象的。

## （二）宾语从句的翻译

以"what""that""how"等引导的宾语从句，在翻译时一般不需要改变它在原句中的顺序。

【例】Can you hear what I say？

【译文】你能听到我所讲的话吗？

## （三）表语从句的翻译

同宾语从句一样，表语从句一般也可按原文顺序进行翻译。

【例1】This is what he is eager to do.

【译文】这就是他所渴望做的事情。

【例2】That was how small nation won the victory over big power.

【译文】就这样，小国战胜了大国。

【例3】This is where the shoe pinches.

【译文】这就是问题的症结所在。

### （四）同位语从句的翻译

一般情况下，同位语用来对名词或代词做进一步解释。单词、短语或从句都可以做同位语。翻译时，并没有对同位语的顺序做过多规定，一般可以保留同位语从句在原文中的顺序，也可以将从句提前。

【例1】It does not alter the fact that he is the man responsible for the delay.

【译文】延迟应由他负责，这个事实是改变不了的。

【例2】He expressed the hope that he would come over to visit China again.

【译文】他表示希望再到中国来访问。

此外，译者在翻译时，还可以采用增加"即"或"以为"，或用破折号、冒号，将同位语从句与主句分开的方法。

【例3】But it ignores the fact that，though pilots，we potentially were in as much danger of capture as any covert agent.

【译文】但忽略了这一点，即虽说我们是飞行员，却和任何潜伏的特务一样有被俘的危险。

## 九、状语从句的翻译

### （一）时间状语从句的翻译

对于时间状语从句的翻译，这里以较为复杂的"when"为例进行说明。译者在翻译"when"时间状语从句时，不能拘泥于表示时间的一种译法，要结合实际环境，采用不同的翻译方法。具体翻译方法有以下几种：

1. 译为相应的表示时间的状语从句

【例】When she spoke the tears were running down.

【译文】当她说话的时候，眼泪都流下来了。

2. 译为"刚……就……""一……就……"结构

【例】Hardly had we arrived when it began to rain.

【译文】我们一到就下雨了。

3. 译为"每当……""每逢……"结构

【例】When you look at the moon, you may have many questions to ask.

【译文】每当你望着月球时就会有许多问题要问。

4. 译为"在……之前""在……之后"结构

【例】When the firemen got there, the fire in their factory had already been put out.

【译文】在消防队员赶到之前，他们厂里的火已被扑灭了。

5. 译为条件复句

【例】Turn off the switch when anything goes wrong with the machine.

【译文】一旦机器发生故障，就把电门关上。

6. 译为并列句

【例】He shouted when he ran.

【译文】他一边跑，一边喊。

## （二）条件状语从句的翻译

1. 译为表"条件"的状语分句

【例1】If you tell me about it, then I shall be able to decide.

【译文】如果你告诉我实情，那么我就能做出决定。

【例2】Presuming that he is innocent, he must be set free.

【译文】假如他是无罪的，就应当释放他。

2.译为表"补充说明"的状语分句

【例】He is dead on the job. Last night if you want to know.

【译文】他是在干活时死的，就是昨晚的事，如果你想知道的话。

3.译为表"假设"的状语分句

【例】If the government survives the confidence vote, its next crucial test will come in a direct vote on the treaties May 4.

【译文】假使政府经过信任投票而保全下来的话，它的下一个决定性的考验将是5月4日就条约举行的直接投票。

## （三）原因状语从句的翻译

1.译为因果偏正句的主句

【例】Because he was convinced of the accuracy of this fact, he stuck to his opinion.

【译文】他深信这件事正确可靠，因此坚持己见。

2.译为表原因的分句

【例】The crops failed because the season was dry.

【译文】因为气候干旱，农作物歉收。

## （四）让步状语从句的翻译

1.译为表"无条件"的状语分句

【例】No matter what misfortune befell him he always squared his shoulder and said，" Never mind." I'll work harder.

【译文】不管他遭遇到什么不幸的事儿，他总是把胸一挺，说："没关系，我再加把劲儿。"

2. 译为表"让步"的状语分句

【例】While this is true of some，it is not true of all.

【译文】虽有一部分是如此，但不见得全部是如此。

### （五）目的状语从句的翻译

1. 译为表"目的"的前置状语分句

【例】We should start early so that we might get there before noon.

【译文】为了在正午以前赶到那里，我们应该尽早动身。

2. 译为表"目的"的后置状语分句

【例】He told us to keep quiet so that we might not disturb others.

【译文】他叫我们保持安静，以免打扰别人。

# 第五章　英汉语篇与修辞翻译

## 第一节　英汉语篇的差异

### 一、英汉语篇的共同点

自然语言的语篇，无论是英语还是汉语，都具有以下共同点：

#### （一）语义的连贯性

"完整语义"的语篇必须是一个语义单位，应合乎语法，语义连贯，有一个论题结构或逻辑结构，句子之间有一定的逻辑关系。语篇中的段落或句子都是在这一结构基础上组合起来的。一个语义连贯的语篇必须具有语篇特征，所表达的应是整体意义。语篇中的各个成分应是连贯的，而不是彼此无关的。

【例1】A：今天你上街去干什么？　B：我上街去买衣服。

【例2】A：今天你上街去干什么？　B：他父亲是位医生。

【例3】Fishing is Mark's favorite sport. She often waits for her sister for hours. But this is not my watch.

【例4】Fishing is Mark's favorite sport. He often fishes for hours without catching anything. But this does not worry him.

例 1 中的一问一答，从语义上看是连贯的，因而具有语篇特征。例 2 中的 B 句答非所问，因而不具有语篇特征，不是语篇。例 3 中三个分句虽然语法正确，但它们之间缺乏语义连贯，无法形成表达一定意义的整体，也就无法形成语篇。例 4 中三个句子衔接连贯，构成语篇。

## （二）衔接手段相同

衔接是将语句聚合在一起的语法及词汇手段的统称，是语篇表层的可见语言现象。从语篇的生成过程来看，它是组成语篇必不可少的条件。在英汉两种语言中，语义的连贯都要靠种种衔接手段，即语篇组织。

## （三）显性连贯和隐性连贯

连贯可分为显性与隐性两种情况：显性是体现于词汇、语法、结构等语言表层形式的；隐性则是有赖于语境和语用因素蕴含的连贯。衔接是连贯的外在形式，连贯是衔接的内在意义，两者既统一（显性连贯），又不统一，即并非有衔接的就是真正连贯的语篇，无衔接的也可能是真正连贯的语篇（隐性连贯）。总之，语义连贯是语篇的实质，而种种有形的衔接是其组织形式。单有衔接而无连贯不是语篇，两者皆备是显性连贯，有连贯而无衔接是隐性连贯。这种情况，英语、汉语概莫能外，但并非彼此对应，即英语的显性连贯译成汉语可能是隐性连贯，反之亦然。

连贯的语篇是思维连贯性的语言表现。思维的连贯性就是思维的逻辑性，这是人类理智的共同特征和功能，是人与人之间的交流沟通及双语互译的根本保证。缺乏逻辑性或违背逻辑的任何语言符号，既无意义，也产生不了真正的语言交际。因此，可以说，形成语篇的根本是逻辑，理解语篇的根本也是逻辑，一切语篇无不深藏着思维的逻辑。自然语言丰富多彩，种种语言变化无穷的语篇之所以具有共性和相通性，关键就在于逻辑的普遍性。明确这一点，既是分析语篇、理解语篇的基础，也是英汉语篇对比的基础。也只有明确这一点，人们才会明白语义相同的语篇，其衔接与连贯的不同只是语言形式上的。只有把握其内在逻辑的一致性，才能保证语义内容的忠实传达。

### （四）文体的多样性

自然语言的千差万别可以归为文体、体裁、语体和风格的不同，包括口头与书面、正式与非正式、不同语域和区域性的语体分别，不同时代的文风差异，诗歌、散文、小说、论述、应用等各具特色的体裁划分，因人而异的不同风格。文体多样性在英汉语言中同样存在，它们的分类也大体相同，且各种分类都能在译语中找到相对应的形式。

## 二、英汉语篇的基本差异

英汉语篇的基本差异有内在的思维差异和外在的衔接与连贯两方面，内外既相互独立，又相互影响。但一般来说，思维层面的差异是决定性因素。

首先，英汉语篇分别呈现直线形与螺旋式的特征，这从根本上讲是中西方各自重综合与重分析的思维习惯的体现。所谓直线形，就是先表达出中心思想，然后由此展开，后面的意思都由前面的语句自然引出。英语长句叠床架屋式的结构，最典型地表明了这种思维逻辑。

【例1】But I would like to do the same with the acclaim too, by using this moment as a pinnacle from which I might be listened to by the young men and women already dedicated to the same anguish and travail, among whom is already that one who will some day stand here where I am standing.

【译文】对于人们给予我的赞扬，我也想做出同样的回报：借此国际学界的最高盛会，请已献身于同样艰苦劳作的男女青年们听我说几句话，因为在你们中间，将来站在我现在所站的讲台上的人已经产生了。

汉语的螺旋式是以"起、承、转、合"为典型的，先宣称主题之重要性，然后展开反复论述，最后回归主题，并对它再三强调；其根本特征显然是重复，乃至不厌其烦地强调，即词语和结构的复现与叠加。简短的语篇也常见这种现象。英汉语篇思维逻辑的差异继而造成两种语言语篇衔接与连贯方式的不同。

其次，在语言构思方式和语言组织方式上，英语呈现形合特征，而汉语呈现意合特征。形合和意合的区别就是语篇连贯的隐显不同。英语形合指英语必须含有体现词汇语法的显性衔接，也就是从语言形式上把词语、句子结合成语篇整体。而汉语的意合则无须借助词汇、语法的衔接手段，仅靠词语和句子内涵意义的逻辑联系，或靠各种语境和语用因素，便能构成连贯的语篇。因此，英汉互译时，便常见隐显不一的情况。

【例2】It has been mentioned that Rebecca, soon after her arrival in Paris, took a very smart and leading position in the society of that capital, and was welcomed at some of the most distinguished houses of the restored French nobility.

【译文】我曾经说过，瑞贝卡一到法国首都巴黎，便出入上流社会，追逐时髦，出尽风头，连好些复辟后的皇亲国戚都和她来往。[①]

① 威廉·萨克雷.名利场[M].杨必，译.北京：人民文学出版社，2020.

翻译实践并不是简单地翻译一句话或一段话，往往是整个篇章，而对文章支离破碎的理解会造成断章取义。在翻译实践中，选择的材料无论在形式上还是在内容上，都要具有多样性。

# 第二节　翻译英汉应用文体

应用文体并非专指某一种文体，而是指一种特定的文体类别。一般来说，应用文体是与文学文体相对应而存在的文体，或称为"非文学文体"。刘宓庆先生认为，举凡公函、书信、通知、请柬、启事、通告、海报、广告、单据、契约、合同，以及迎送辞、协议书、备忘录、商品说明书等都属于应用文之列。方梦之先生认为，公函、书信与合同、协议、通知、电报、演讲等均属应用文体。概言之，应用文体翻译内容广泛，涉及除文学及纯理论文本外的各个领域，如政治、经济、法律、旅游、科技和文化等内容。

## 一、应用文体翻译概述

翻译不仅要译出原文的意思，还要译出原文的文体风格。翻译家应具有独特的风格。对此，王佐良先生曾认为："似乎可以按照不同文体，定不同译法。例如，信息类译意，文艺类译文，通知、广告类译体……所谓体，是指格式、方式、措辞等，须力求符合该体在该语中的惯例，不能'以我为主'，把商品广告译成火气甚重的政治宣传品等。"[①] 从翻译理论角度来看，译者在传达原作的思想时，必定会使用两种不同的语言，因而在翻译的过程中不可避免地会受到多种因素的制约。

① 王佐良.翻译：思考与试笔 [M].北京：外语教学与研究出版社,1989.

其中，最重要的制约因素有两个：第一，译者对原作所表达的"思想"的理解的程度、精确性和方式。第二，译者把理解所得转换成自己熟悉的语言时，往往会不自觉地体现译者自己的个性特色。作为主体的译者在翻译的过程中，不仅会自然或不自然地在理解原文时流露出自己的个性，还会在具体表达时显示出自己的个性，这就是译者风格形成的理论基础。从翻译实践的角度来看，我国现代和当代翻译史上的大家无一例外地都具有自成一家的风格。比如，鲁迅的译文凝重洗练；朱生豪的译笔浑厚畅达，气势磅礴；傅雷的译品则圆熟流畅，干净利落；巴金的译文则明白晓畅，文气自然。

基于此，在翻译教学和实践中，我们有必要注意文体的问题。概言之，译者只有熟悉英汉各种文体类别的语言特征，才能在英汉语言转换中顺应原文的需要，做到量体裁衣，使译文的文体与原文的文体相适应，包括与原文作者的个人风格相适应。

一般来说，文体风格不仅包括因时间、地点、阶级、性别、职业、年龄、情景等所引起的语言变体，如各种方言、正式用语、非正式用语等，还包括各种体裁的作品，如应用文体、科技文体、论述文体、新闻报刊文体等。

关于翻译的标准问题，国内外学者已有不少讨论。英国学者泰特勒曾提出忠实、风格一致和通顺的标准。我国著名翻译家严复曾提出"信、达、雅"三项标准。范仲英曾指出翻译的原则即"传意性、可接受性及相似性"三个标准，或称为"翻译三要素"。辜正坤早在 1982 年就曾提出"翻译标准多元互补论"的标准。

这些标准从宏观的角度阐释了翻译的原则，对一般翻译都有指导和借鉴意义。但对于各类文体的翻译而言，我们首先需要了解各类文体的语言特点，并据此制定一套行之有效的英译汉的原则。

## 二、英汉应用文体翻译现状

我国的翻译产业，尤其是应用翻译产业已进入高速发展期。方梦之教授对我国应用翻译几十年取得的成就进行了梳理，涉及科技、经贸、旅游、医学、政经、新闻、法律、社科等门类的翻译研究成果，研究范围包括翻译理论、翻译标准、翻译方法与技巧等，同时指出了应用翻译研究存在的问题，如翻译研究还滞后于实际需求，学科建设仍然是今后一个时期的重要任务。

## 三、功能目的论与英汉应用文体翻译

曹明伦教授认为："人类的主动行为都有其目的，翻译行为自不例外。但翻译行为毕竟是一种特殊的人类主动行为，因此其目的也必然具有特殊性。"[1] 德国"功能翻译论"的代表人物诺德从功能的角度将翻译定义为：翻译是创作使其发挥某种功能的译语文本。它与其源语文本保持的联系将根据译文预期或所要求的功能得以具体化。翻译使由于客观存在的语言文化障碍而无法进行的交际行为得以顺利进行。在这个定义中，原文和译文之间必有一定的联系，这种联系的质量和数量由预期译文功能确定，它也为决定特定语境的原文中哪些成分可以保留或必须根据译语语境进行调整甚至"改写"（包括可选择的和必须进行的改写）提供了标准。"功能目的论"

---

① 曹明伦. 翻译研究论集 [M]. 北京：科学出版社, 2020.

的代表人物弗米尔认为"要以文本的目的为翻译的第一准则"。他把翻译看作特定情况下的某种"有意图、有目的的行为"。尽管"功能目的论"可以用来指导文学翻译和应用翻译，但方梦之教授认为，相比较而言，功能目的论对应用类语篇的指导作用更为明显。

纽马克根据文本不同的内容和文体把文本划分为表达功能（expressive function）、信息功能（informative function）和呼唤功能（vocative function）三种。以表达功能为主的文本，主要包括文学作品、散文、自传、个人信件等，其目的在于表情达意，将个人的感情表达出来。以信息功能为主的文本，包括非文学作品、教材、学术论文、报纸杂志上面的文章等，其中心是涉及语言之外的现实生活。以呼唤功能为主的文本，旨在呼吁、号召读者采取行动去思考、去感受，通常涉及通知、宣传、口号和广告等内容。

从语言用途的角度划分，应用翻译属于"特殊用途英语"（English for Specific Purposes，ESP）的范畴。特殊用途英语是现代英语的一种变体，涵盖的语篇体裁非常广泛，几乎包括了除文学类、诗歌类语篇之外的所有体裁。

## 四、英汉应用文体翻译策略

关于应用翻译的原则和标准，方梦之教授曾指出："应用文体包罗广泛，不同的次语域具有不同的特点。信息性、劝导性和匿名性是绝大多数应用语篇具有的主要特点。根据不同的问题特点及翻译委托人的要求，应采用不同的翻译策略。"[①] 他还在 2007 年提出了应用翻译的三条原则——达旨、循规、共喻，从翻译理论的层面和高度提出了应用翻译需遵循的原则和采

① 方梦之. 英汉翻译基础教程 [M]. 北京：中国对外翻译出版公司，2005.

用的标准。吕和发认为，方梦之教授提出的这三个原则在更大范围上提高对应用翻译实践和研究的适用性，提高理论的概括力和解释力，达旨——达到目的、传达要旨，循规——遵循译入语规范，共喻——使人明白晓畅。三者各有侧重，互为因果。

林克难教授经过多年的翻译教学潜心研究，提出了应用翻译"看、译、写"的三原则。这三个原则的核心就是译者应多读各种各样的应用英语的真实材料。"看"是英语翻译的基础；"译"即参照同类英语材料的写作格式、专门用语及表达方式，把想表达的内容要点译出来；"写"就是译者根据相关文体的格式，用目的语把原文书写出来。"看、译、写"从翻译过程的角度对应用文体的翻译进行了较为具体的阐释，不失为应用文体翻译的一种方法。

林戊荪教授针对应用翻译面临的新形势提出了应用翻译的"专业化、信息化、网络化"原则，重点指出了应用翻译在经济全球化、信息快速传播和因特网普及的今天的发展方向。

为了进一步加强应用翻译的研究，提高应用翻译的理论和实践水平，黄忠廉教授指出："建立应用翻译学可能且可行，已有可观成果，亦可持续研究。本学科的建立可以提升并解释译艺，上可升华为基本理论，下可直接指导实践，奠定译学基础。应用翻译学的分立研究将升华整个译学研究。"[①] 他曾呼吁创建应用翻译学。可见，加强应用翻译研究具有非常重要的意义。

尽管不同文体会有不同的语言特征，但对译者来说，首要的还是要实现原作的"文本目的"，减少读者的"理解成本"，即要让不懂原文的读者

---

① 黄忠廉，信娜. 应用翻译学创建论 [J]. 上海翻译，2011（2）：7-10.

通过译文知道、了解甚至欣赏原文的思想内容及其文体风格。而要达到这一目的，就必须追求目标语文本与源语文本之间的意义之相当、语义之相近、文体之相仿、风格之相称。这里的"文体之相仿、风格之相称"，是应用文体翻译过程中必须解决的问题。

# 五、语篇翻译的衔接

## （一）英汉语言的语法衔接

语法衔接指借助构造句子的语法手段，即标示词语之间结构关系的因素实现语篇的衔接和连贯。这些因素可以是具有语法功能的词语，也可以是词语的特定语法形式，还可以是无特定词语的纯结构形式。

1.英汉语言语法衔接的差异

（1）英语的语法衔接具有明显的显性连贯，而汉语的语法衔接接近于隐性连贯。英语的显性连贯借助形态变化和形式词，明显地表明词语之间、短语之间或小句之间的语法关系。形态变化包括起构词作用的构词形态和表示语法意义的构形形态。英语中有形态变化，而汉语中却没有严格意义上的形态变化。

英语中的形式词指用来表示词语间、句子中小句间和语段中句子间关系的起连接作用的词。英语中作为衔接手段和形式的词，不但数量大、种类多，而且使用频繁，主要的衔接手段和形式有介词、冠词、关系词（包括关系代词和关系副词）、连词（包括并列连词和从属连词）和其他衔接手段，如"it"和"there"。汉语造句更注重隐性连贯，以意统形，少用甚至不用形式手段，靠词语与句子本身意义上的连贯与逻辑顺序来实现衔接。

【例】He boasts that slave is free the moment his feet touch British soil and he sells the children of the poor at six years of age to work under the lash in the factories for sixteen hours a day.

【译文】他夸口说一个奴隶从他的脚踏上英国土地的那一刻起就是自由的同时，他却把穷人家 6 岁大的孩子们卖到工厂干活，在皮鞭下一天要劳作 16 个小时。

（2）英汉两种语言在语法衔接手段上都采用语法手段，但各自所采用的具体方式有所不同。由于英汉语篇在语法衔接手段上存在差异，在英汉翻译时就需要恰当地进行语法衔接手段的转换。

2. 英汉语篇语法衔接的转换

（1）从时体形式上分析。英语的时体作为语篇衔接的语法手段时，翻译成汉语要加以转换。

【例 1】Roger has finished the thesis. Caroline arrived from New York.

【译文】罗杰完成了论文。因为卡罗琳从纽约来到了他的身边。

【例 2】Roger has finished the thesis. Caroline will arrive from New York.

【译文】罗杰完成了论文。卡罗琳将从纽约来看他。

（2）从替代关系上分析。所谓替代，指用词语代替前文的某些词语，但不是指称性的一致关系，而只是具有同等或类似语义。替代主要包括名词替代、动词替代和分句替代。替代在英汉语篇中都存在，且往往互相对应，但互不对应难以照译时，需要借助其他衔接或连贯手段。

【例】A：I'll have a cup of black coffee with sugar，please.

B：Give me the same，please.

【译文】A：劳驾，我要一杯加糖的黑咖啡。

　　B：请给我也来一杯。（试比较：请给我也来同样的。）

　　（3）从省略关系上分析。省略是用词汇空缺的方式达到上下文衔接的目的。语篇分析中常将省略分为三类：名词性的省略、动词性的省略和分句性的省略。这三类省略多数是出于语法结构的需要。语法结构上的省略是英汉语篇衔接的常见形式。无论是英语还是汉语的语法结构上的省略，若无法忠实照译，都是以目的语的词语重复或替代解决问题的，但名词性省略一般英汉语篇是一致的。

　　【例】Take these pills three times a day. And you'd better have some of those too.

　　【译文】这些药片一天吃三次。还有那些也最好吃一点儿。

　　汉译英中要特别关注的省略现象是汉语零位主语的问题。汉语的零位主语是汉语中的一种普遍现象，与英语中的省略并非完全一回事。这是因为汉语不是主语突出的语言，组词成句是围绕主题而展开的，所以汉语中的主语有时无须出现，而读者自明。这时，汉译英就需要填补上省略的成份。

### （二）英汉语言的词汇衔接

　　词汇衔接指的是语篇中出现的一部分词汇相互之间在语义上的联系，或重复，或由其他词语替代。词汇衔接是运用词语达到语篇衔接目的的手段，包括语义的重复再现和各种指称关系。英汉语篇的词汇衔接手段，不但总的具体方式完全相同，而且几乎都能够对应照译，特别是在语义重复方面，但也有不一致的地方，尤其在指称照应方面，不同多些。

1. 语义重复

语义重复指运用同义词、近义词、上义词、下义词、概括词等构成的词汇链。它包括完全相同的语义词汇的直接重复，具有各种语义关系的词的同现，以及具有因果、修饰等组合搭配关系的词的同现。

【例】The recovery of organs does not begin until after the heart stops beating and death is certified by a physician not affiliated with the transplant program.

【译文】器官的复原，应在心脏停止跳动、死亡已被与器官移植无关的医生证明之后，才能进行。

2. 指称照应

指称照应是语篇衔接的重要手段，涉及人、物、事、时间、地点和词语等一切方面，既有对外部现实世界的外指，又有对语篇内语言要素的内指，既有回指，又有下指。指称照应是为了语篇上下文的照应，形成一个照应性的系统，即一个意义完整、有机统一的语篇。英汉语篇在指称照应上的差异主要体现在人称指称和指示指称上。针对英汉翻译而言，人称指称和指示指称是最具实践和理论价值的语篇现象。

人称照应在有些上下文中是至关重要的，尤其是英译汉。如果理解不正确，译文就会出现错误。

【例 1】The patient shook her head and stretched out her hands towards the baby. The doctor put the baby in her arms. She kissed the baby on the forehead.

【译文】病人摇了摇头，把手向婴儿伸去。医生将孩子放到她的怀里，她吻了吻孩子的前额。

【例 2】There are two classes of people : the selfish and the selfless ; these are respected，while those are looked down upon.

【译文】世上有两种人：自私者和忘我者。忘我的人受到尊敬，而自私的人则遭鄙视。

## （三）英汉语言的逻辑衔接

逻辑衔接的差异是语篇内深层次的最普遍的衔接，是保证语篇的必备条件之一。逻辑衔接也有显性与隐性之分。显性逻辑衔接指使用了"and""but""then""for"等连接语的衔接。隐性逻辑衔接指那些不使用连接语而靠语用、语境等实现的衔接。针对英汉语篇比较而言，逻辑关系总的来说是英汉相通的，即时空、因果、转折和表示相同的推延等基本的逻辑关系是一致的。但是，英汉语篇的逻辑关系有时也有差异，如英语的时空关系，汉译时常改为因果关系，反之亦然。

总的来说，由于英汉连接语的差异和逻辑关系中显性与隐性的差异，因此英汉翻译时，译者应选择正确的逻辑连接词或连接语，或隐或显，以使译文符合表达习惯。

【例 1】Where there is a will，there is a way.（空间关系）

【译文】有志者，事竟成。（条件推断）

【例 2】When Mr. Brooker，who had license to carry gun，drew his pisto to try to stop the robbers，one of them fired a shot that killed him.（时间关系）

【译文】当有持枪执照的布鲁克先生想拔出枪来阻止这伙强盗时，却被其中一个强盗一枪打死了。（转折关系）

## 六、语篇翻译的连贯

在翻译中，如果一句一句孤立地看，有些译文似乎问题不大，但从通篇或整段来看，译文却犹如断线残珠，四下散落，没有贯穿连成一气的逻辑线索或脉络。究其原因，主要是忽视了原文中或显或隐的连贯性，没有在翻译中采取相应的衔接和连贯手段，使译文不能成为一气呵成的有机整体。

由此可见，连贯性在翻译中起着非常重要的作用。连贯是语篇中语义的关联。连贯存在于语篇的底层，通过逻辑推理达到语义连接。连贯的语篇有一个内在的逻辑结构，从头到尾将所有概念有机地连接在一起，达到时空顺序明晰、逻辑层次分明的效果。

实际上，连贯总是和衔接密切相关的，它们都是构成语篇的重要特征之一。但这两个概念也有区别，衔接是通过词汇和语法等手段得以实现的，而连贯可以借助信息的有序排列来达到。要实现语篇连贯，通常采用"明显"和"隐含"两种方法。前者与语篇的衔接有关，指运用词汇手段，如连词，来形成连贯标志；后者指信息的合理排列，这是一种无标志的连贯。试比较下面的例子，看看各自语篇的连贯是如何实现的。

【例】Swiveling from languor to ferocity, from sorrow to sarcasm, from command to confusion, Pryce is a Hamlet for our time of cosmic jitters and colliding antitheses.

【译文】普赖斯扮演的哈姆雷特，性格不断变化：一会儿心灰意冷，一会儿狂暴凶煞；一会儿满腔愁绪，一会儿愤世嫉俗；一会儿镇定自若，一会儿无所适从。他是我们这个高度紧张、激烈冲突时代的哈姆雷特。

在翻译过程中，译者最终提供给读者的是怎样的一个语篇，完全取决于译者对原文语篇内容的理解、结构的认识及译语语篇的构建能力。对于语篇连贯性而言，首先，译者要充分把握原文结构，认清原文的逻辑层次和脉络。也就是说，要对原文语篇的连贯结构有明确的分析和把握，这是保证译文具有连贯性的前提。

其次，在对原文语篇连贯结构充分理解的基础上，译者要依照译文的连贯模式和规律对原文语篇进行重新构建。译文连贯不当，可表现在词或词组、句子内或句群内。

【例】That night he sat alone during dinner, careful, he later told us, not to "get in love's way". But he glanced often in our direction, and we knew he was not alone...

【译文1】那天晚餐时，他一直独自坐着，小心翼翼地，后来他告诉我们，那是为了"不妨碍别人谈情说爱"。可是，他不时朝我们这边瞟上一眼，我们知道他并不孤独……

【译文2】那天晚餐时，他一直独自坐着，尽量"不妨碍别人谈情说爱"（那是他后来告诉我们的）。可是，他不时朝我们这边瞟上一眼，我们知道他并不孤独……①

原文中的两句话是靠"but"连接起来的，而且第一句中的"he later told us"明显是一句插入语，翻译时，如果处理不当，必然影响读者对两句之间关系的理解。

译文1混淆了时间概念，会让读者以为"可是……"一句的动作不是发生在"那天晚餐时"，而是发生在"后来"。译文2将原文的插入语放入

---

① 菲利普·哈沙姆，谷启楠. 你们好，相爱的年轻人 [J]. 中国翻译，2002(1)：2.

括号内，加强了两句之间的联系，也避免了时间概念上的混淆。

总之，翻译过程不仅是一种语言符号的转换过程，也是逻辑关系的转换过程和连贯结构的重新构建过程。从本质上看，这一过程涉及思维的转换过程，即译者的思路要经历一个从原文连贯结构到译语连贯结构规范的转换。这种转换体现着两种语言、两种文化的思维定式的对应、对照甚至冲突。这就需要译者在思维方式上进行调整、变通，并把这种调整在译语语篇的连贯结构中具体体现出来。

# 第三节　英汉修辞的异同

英语中对修辞的定义是：The art of using words in speaking or writing so as to persuade or influence others. 明确将修辞看作是"在演讲或写作中为说服或影响别人而使用的词的艺术"。在古代西方，演讲人为了吸引听众而讲究用词艺术以提高演讲的效果，这种演讲的传统自古传今。而在诗学及修辞学中，西方人明确提出了比喻等修辞手段和风格的概念。

西方的古代哲学家、语言学家，尤其是近现代的哲学家、语言学家都从各自的研究领域或方向对语言的修辞给予了一定的阐述或将其意思隐含在其表述中。例如，英国哲学家奥斯汀在其创立的言语行为理论中，其中有一条准则是言外行为，它是指以言行事，即表明说话是为了达到影响他人或约束自己；美国哲学家格莱斯创立的合作原则中有一条准则是关联准则，它要求说话人要贴切；美国语言学家派克从语调的意义出发将说话人在词义之外对话语所加的态度和感情看作是修饰句子或短语的词汇意义等。

国内的一些学者也从不同的角度对修辞的特性进行了阐述，如修辞是言语行为，言语行为的目的是交流。交流是为了信息和情感的互动，互动就是在平等的基础上的沟通，而沟通就要对话；吕熙先生则将修辞浓缩为语言的准确、鲜明、精练、生动、深刻等。

中文"修辞格"这个术语可以追溯到 100 多年前的 1923 年，当年唐钺先生著的《修辞格》出版发行，随后 1932 年陈望道在自己著的《修辞学发凡》一书中将此术语广泛使用并使之推广。那么，从修辞的结构上看，其特点与种类为以下四种：

第一，描述体描述对象体。所谓描述体是对对象体表示形象的修辞体；而对象体是被描述的对象。

第二，换代体换代本事体。所谓换代体是一种从正面、侧面、反面临时换代本事体的修辞体；而本事体是固有的、隐而未说的，与换代体在内容上相同的修辞体。

第三，引导体引导随从体。所谓引导体是指两个或两个以上的修辞语句的先行语句，而随从体是引导体的随从，受引导体的引导和支配。换句话说，就是引导体怎么引导，随从体就怎么随从。

第四，变形体变形原形体。所谓变形体是通过增加或减少等手段，对原形体以结构形式的变化；不是变得面目全非，而是对原形体给以全部、部分形式的保留；而原形体是指原有语句结构未经任何改变的修辞体。

以上四点将修辞格的基本特征、特点、内容全部涵盖在里面，比较全面地反映了修辞格的各种结构的形式。

从修辞的特性上看分为三种：具有动人的表达效果，具有特定的结构模式，具有稳定性、发展性。

纵览中外语言修辞特点，其共同点为化平淡为新奇，化呆板为鲜活，化枯燥为生动，化冗杂为洗练，化晦涩为明快，化一般为艺术；激发联想，唤起美感，娱人耳目，增强表现力、说服力和感染力，做到语言形式与表现内容完美和谐的统一。

# 第四节　常用英汉修辞的翻译

## 一、比喻

比喻分为明喻、暗喻和借喻。它是由三个要素组成的：本体，指比喻的事物；喻体，指用来比喻的事物；喻词，指连接本体与喻体的词。明喻就是两者之间存在着明显的比喻，用"像，好像，仿佛，像……一样"等字眼来表示。暗喻就是两者之间的关系不太明显，看不出是在打比方，而实际上是在打比方，常用"是，就是，等于"等词来表示。借喻是用喻体来比喻。

英语修辞中的称谓与汉语的略有不同，不能完全一对一地对照着使用，英语的 simile（明喻）与汉语的明喻基本相同，都是用某一事物或情境去比喻另一事物或情境。在英语的 simile 构成中，三个要素也是缺一不可的，即本体、喻体、喻词。英语的喻词用 as、like、as...as... 等。例如，as gay as a lark/a bird（像百灵鸟一样快活）、as sudden as an April shower（像四月的阵雨一样突然）、as crazy as a bedbug（像臭虫一样疯狂）、as brave as a lion（像狮子一样勇敢)、as gentle as a lamb(像羔羊一样温顺)、as proud as a peacock(像孔雀一样骄傲)。

但英语里的 metaphor(隐喻)则兼有汉语中的暗喻和借喻的特点,即均将甲物当作乙物来比喻,表达方式为甲是乙。例如,a rat leaving a sinking ship(不能共患难的人)、a rat in a hole(瓮中之鳖)、a black sheep(害群之马)、a snake in the grass(潜伏的危险)、a bull in a china shop(莽撞闯祸的人)、make a duck's egg(得零分)、wake a sleeping wolf(自找麻烦)、hold a wolf by the ears(骑虎难下,进退两难)、keep the wolf from the door(免于饥饿)、rain cats and dogs(下倾盆大雨)。

【例 1】Some people waste their substances on riotous living like a prodigal son and find it turns to dust and ashes as life loses its savor.

【译文】一些人挥霍着他们的钱财,像花花公子一样过着没有节制的生活,当发现生活失去滋味时,财富已变成了粪土。(明喻)

【例 2】She is shedding crocodile tears.

【译文】她在掉鳄鱼的眼泪。(借喻)

除了以上三种主要的比喻形式外,汉语里还有一些英语里所没有的其他比喻形式,如较喻、层喻、互喻、引喻、反喻、迁喻等。这些比喻形式是在原有三种比喻基础上稍加变更而来的。

## 二、比拟

比拟分为拟人与拟物两种。拟人是将人以外的事物当作人去写的手法;而拟物则相反,是将人作为物或把一种事物当作另一种事物的手法。

英语中的拟人与汉语中的拟人相同，都是将事物赋予人的动作、言行、思想及情感。但英语中的拟物是通过象征来表现的。

【例1】田里现在还只有干裂的泥块，这一带，现在是桑树的势力。

【译文】The unplanted fields as yet were only cracked clods of dry earth ; the mulberry trees reigned supreme here this time of the year.（拟人）

【例2】The crocodile in the river thought hard and finally he had an idea.

【译文】河里的那条鳄鱼冥思苦想，最后想出了个主意来。（拟人）

【例3】Mark my words，the first woman who fishes for him，hooks him.

【译文】瞧着吧，不管什么女人钓他，他都会上钩。（拟物）

# 三、借代

顾名思义，借代就是借那些与人或事物有密切联系的事物来代人或事物的一种修辞手法。由于借代在代表某类人和事物时具有独特的或明显的或典型的特征，故一提到这类人或事物时人们就很自然地联想到它所指代的另一类人或事物。英语中表示借代修辞的方法通常通过换喻法、举隅法、提喻法来实现。

【例1】The pot shouldn't call the kettle black if it's got soot itself.

【译文】要正经除非自己锅底没有黑。

此句用"锅底"代历史行为，用"黑"指代污点、不检点。

【例2】He was promoted from the grey-collar to the white-collar in the shortest time.

【译文】在短短的时间内他就从灰领升到了白领。

句中用 grey-collar 指代体力劳动者，通称灰领；white-collar 指脑力劳动者，通称白领。前者属服务行业工人，后者属机关职员。

## 四、夸张

夸张是指对事物的全部或部分进行过分的、言过其实的描述。这样做是为了突出或夸大某事物以吸引对方或炫耀自己。当然夸张不只是一味地夸大，也有相反的情况，对某事进行缩小的描述。英语的夸张与汉语的夸张意义相同，都是突出事物的本质以给人留下深刻印象。

【例 1】叶子和花仿佛在牛乳中洗过一样。①

【译文】The lotus leaves and flowers seem to be washed milked.

用"牛乳"来夸张叶子和花不是在一般的水中洗过，而是在牛乳中洗过，以此来增强读者对月色下荷塘里的叶子和花的感受与印象。

## 五、对比

对比是指通过语言将客观事物中的相互对立的矛盾体、对立面再现的过程。恰到好处地运用对比修辞的手法能增强文章的色彩，在对比中突出事物的特征、本质。英语中的对比，其特征也是将两个正反方面或一个事物相互对立的两方面放到一起描述的过程。它要求作者在运用此修辞时应遵循对立对仗等特征。

【例】Work has a bitter root but sweet fruit.

【译文】工作有苦也有甜。

bitter 与 sweet 相对应，root 与 fruit 相对应。

① 出自朱自清《荷塘月色》。

## 六、双关

双关是指一个词语或一句话涉及两方面的意思，一个是词语表面的意思，另一个是其隐含的意思。运用双关修辞格的人往往是以其隐含意思来展示其想表达的意思及意图，即言在此而意在彼。这种修辞运用恰当会使语言生动、有趣。英汉两种语言中的双关都可分为谐音双关（homophonic puns）和语义双关（homographic puns）两种。谐音双关是将词义不同的谐音词组合在一起的修辞用法，语义双关就是指根据一词多义的特点而构成的双关。

【例1】On Sunday they pray for you and on Monday they prey on you.

这句英语用了"pray（祷告）"和"prey（榨取、掠夺）"的谐音双关。但译成中文时如何译，是译成表面意思还是隐含意思呢？这两者是有很大区别的，语义感也是不同的。第一种译法是从词的表面意思上翻译，即"周日（今天）他们为你祷告，周一（明天）他们就向你榨取"。第二种译法我们取其义翻译，即"他们满嘴的仁义道德，背地里却男盗女娼"。从语感上看第一种译法显然不如第二种译法强烈，第二种译法给读者的感觉更深刻、更逼真，直截了当地揭开了伪善者的面纱，向人们揭露了他们的真面目。因此，双关语的翻译常使译者头痛终日，难求一解。有时可借用原文的词语，有时要变通处理，或增添译注，或改用其他等值的双关。①

【例2】Flying planes can be dangerous.

【译文1】正在飞行的飞机是危险的。

【译文2】驾驶飞机是危险的。

---

① 邱述德.英语歧义 [M].北京：商务印书馆,1998.

【例 3】They called John a teacher.

【译文 1】他们为约翰叫了一位老师。

【译文 2】他们称约翰为老师。

# 七、婉曲

婉曲也称委婉（euphemism），是以转弯抹角的方式暗示说话人原本的意思，而不是直接说出事情或人物的本质。中外作家、诗人在其作品中广泛使用此种方法。不同的人在使用婉曲时所表达的效果是有差异的。有的人是想借此增加语言的力量；有的人是为了不伤及他人或对方而采用婉曲的表达，这样对方可在一定程度上接受其观点。汉语的婉曲可分为婉言和曲语。英语中的委婉语通常是说话人不以令人尴尬的语言或粗鲁的语言，而是以含蓄的、温和的语言表达其原意。

【例 1】His mother passed away last night.

【译文】他母亲昨晚去世了。

短语 pass away 就是 die 的委婉语。说话人在此不是用 die 来直接表达，而是以间接的、委婉的、对方能够接受的语言来表述这一事实。

【例 2】Millions of heroes have laid down their lives for the liberation of mankind.

【译文】无数英雄志士为了人类的解放事业献出了生命。

短语 lay down one's life 表示牺牲（自己的）生命，为人类的解放而献身，比直接说死要好听得多、委婉得多。

# 八、拈连

拈连指说话者将适用于某人的词语，顺势用在另一人身上。它分为全式拈连和略式拈连两种。这种修辞在汉语文学作品中应用广泛，与英语中的 zeugma（轭式搭配）相同。英语中的轭式搭配是用一个形容词来修饰两个名词或一个动词来支配两个名词，把原本相互不关联的词语关联在一起来表达一个更深刻的含义，以增强语言的感染力。

【例】He caught a cold and a bus.

在此句中，感冒与公共汽车本是不相干的两个事物，但作者用 catch 这个词将它们串联起来，以幽默的笔触勾勒出他是个弱不禁风的人，费了好大的劲儿才赶上了公共汽车，但由此得了一场病。如果此句以中文的拈连法翻译，即"他赶上了公共汽车，所以也就赶上了一场感冒"。用"赶上"将两件事连在一起，而第二个"赶上"则是信手拈来的，表现出作者的匠心及诙谐的笔调。不过从英语的词语搭配中我们注意到，这种搭配的特点是：动词后有两个名词，而且都搭配得顺畅，构成一种自然组合。但并非所有的组合都是这样，如 Weeping eyes and hearts. 不能直译为"流泪的眼和心"，这时需要采用变通的译法，采用排比的译法比较合适，即"一双双流泪的眼睛，一颗颗哭泣的心灵"。

# 九、对偶

对偶指将意义相关、结构相同、上下字数相等的部分对称地排列在一起以表示一个完整的意思。汉语里的对偶要求出句与对句要平仄相对、词性相对，上半句与下半句必须各自独立，然后形成一对平仄律，让读者读起来十分悦耳。按类型分，对偶可分为正对、反对和串对。但从结构上看，它又可分为严对与宽对。

英语里的对偶与汉语里的对偶在组词时很相似。即上下对应，词数相同，意义相对，表示一种对比或对照的关系。

【例 1】You are going ; I am staying.

【译文】你离去，我留下。

you 与 I 对应，going 与 staying 对应。词数相同，意义相反，排列对称，译成汉语时也可译成对偶句。

【例 2】Man proposes, God disposes.

【译文】谋事在人，成事在天。

Man 与 God 对应，proposes 与 disposes 对应，词数相同。

有的英语的对偶句尾音节押韵或尾音相同。例如，going 与 staying，proposes 与 disposes。

# 十、排比

排比是指将两个或两个以上的结构相同、字数大体相等、意义相近的语句用于表达相似或相关内容。排比由小到大可分为词的排比、短语的排比、句子的排比。英语的排比与汉语的排比修辞相同。其效果是给人以整齐划一的美感。

【例】Thus we hate what threatens our person, our liberty, our privacy, our income, our popularity, our vanity and our dreams, and plans for ourselves.

【译文】我们的身体、我们的自由、我们的隐私、我们的收入、我们的人缘、我们的虚荣、我们的梦想以及为自身所做的各种安排，凡此种种受到威胁，我们就会产生仇恨。

在这个英语句子里，作者共用了八个排比词语，由此使这段内容更为明晰、强烈，语言更有气势，翻译应体现出排比句。

## 十一、层递

层递是指采用结构相似、依轻重或大小递增或递降展现事物的过程。英语中称 climax，它是由表及里，层层深入的过程，具有紧密的逻辑关系。

【例】这是家庭的毁灭、道德的沦丧、国家的崩溃。

【译文】It was the ruin of the family，the uprooting of moral，the destruction of the nation.

这句话的递进关系是由小到大的进程关系，先小家后大家，层次分明，论述明确，印象效果深刻。

## 十二、反复

反复是指词语或句子的重复，其功能在于加强语气、突出内容、引起人们的关注。其被广泛应用于诗歌、小说、散文等体裁中。英语的 repetition 与汉语的反复相同。

【例1】But what if she should die？ She won't. She's all right. But what if she should die？ She can't die.But what if she should die？ Hey，what about that？ What if she should die？ [①]

---

① 出自海明威《永别了，武器》。

【译文】可是她如果死了怎么办？她不会的，她没问题。可是她如果死了怎么办？她不能死。可是她如果死了怎么办？嘿，你想怎么样？她要是死了怎么办？

作者在这一小段里一再重复一句话，通过重复，一方面表现了主人公在其妻子分娩时痛苦的情景下的焦虑心情。另一方面通过反复地将内心独白展现给读者，以唤起读者的同情，增加感人的效果。

汉语中的重复部分在译成英语时也不都是重复地翻译，而是根据具体情况做适当的调整。

【例2】欲说还休，欲说还休。你可能就是要制造这种藕断丝连的效果。

【译文】You wanted to say it，but you did not.You wanted to say it，but you never did！ It seems you just wanted to create a broken relationship that is not totally broken.

## 十三、移就

移就是将应该修饰某一事物的词移到本不该修饰的另一事物上。其特点是移来修饰事物的形容词通常是修饰人的，从而达到增加语言的艺术效果的目的。

【例1】I threw a nervous glance at my son.

【译文】我紧张地看了一眼儿子。

这里的移就体现为形容词 nervous。它本来是用来修饰人的，现在用来修饰 glance。它们之间的组合搭配不是常规的，因而这种词语的搭配是一种暂时的语言迁就，是为了达到某种效果而使用的。

【例2】He passed many an anxious hour in the train.

【译文】他在火车上度过了许多令其焦虑不安的时光。

同样，anxious 通常用修饰人，表示人的焦虑心情，现在用来修饰 hour，显然，这是作者独特的写法。

# 第六章　文化差异下的英汉文化翻译

## 第一节　地域文化及其翻译

地域文化是指所处地域、自然条件和地理环境下形成的文化，表现为不同民族对同一现象和事物会运用不同的言语形式来表达。不同民族在比喻、审美情趣和对同一事物的认识上存在着差异。

### 一、方位的文化意蕴与翻译

方位即方向。东、西、南、北为基本方位。汉英两种语言中都有相对应的词表达这四个基本方位：东（east）、西（west）、南（south）、北（north）。然而，由于汉英两个民族所处的地理位置不同，对方位的认识及词语表达存在一定的差异。

中国文化中自古就有"南面为王，北面为朝""南为尊，北为卑"的传统，因此汉语中表达方位以"南"为先，人们常说"南来北往，从南到北"。而英语文化则相反，英美等国家的人表达方位以"北"为先。由此可见，方位词不仅仅是地理概念，它们与民族文化、宗教思想、风俗习惯等密切相关，更是一种文化现象。

汉英两种语言中对东、西方位的表达是一致的，如从东到西可直译为

"from east to west"。但一些东、西方位构成的词语有一定的文化含义。例如，"东床"若直译成"east bed"就会让人笑掉大牙。

## 二、著名景点的文化意蕴与翻译

名山大川、名胜古迹是一国文化的载体之一。旅游景点的介绍和翻译是涉外旅游的关键性工作，而旅游景点资料的翻译中，景点名称的翻译是首要环节。

旅游景点名称的翻译，实际上是地名翻译的重要内容。这些名称大多用词古雅、风格独特、音韵优美、寓意深刻，有的出自历史典故，有的源于神话传说，有的富于诗情画意，有的饱含人生哲理。因此，译者在翻译这类名称时不能简单采用音译法。

旅游景点名称由专名和通名两部分组成。专名是景点地名的实体部分，而通名则表示景点的类别。在通常情况下，景点可分为自然景观景点和人文景观景点两类，每类通名所使用的字互不相同，均具有明显的类别特征。比如，昆明湖，昆明为专名，湖为通名；虎丘塔，虎丘为专名，塔为通名。游人一听或一看便知道前者为自然景观，后者为人文景观。

自然景观的景点名称通常由专名加表示景点实体地貌特征的通名组成。人文景观是特定时期历史活动中具有代表性的见证物，其景点名称也是由专名和通名组成，专名反映景观主体，通名表示景观的类别。此类通名常与建筑物有关，如宫、殿、堂、亭、台、楼、阁、榭、塔、馆、府、桥、坊、园、庙、寺、庵、陵、墓等。景点通名的翻译，既要明确表示景点的类别，又要确切反映自然景点的地貌特征或人文景点的实体情况。

翻译旅游景点名称时必须持严肃谨慎的科学态度。需要特别注意的是，由于这些名称或源远流长，或经过历代文人墨客想象夸张，再加上某些汉字词义宽泛，指称意义笼统，有些通名所反映的景点特征与实体不符，翻译时同一个汉字所表示的通名在英译时常需要根据景点实际情况或所含寓意译为不同的词语，以免造成名不副实的情况。

## 三、动物的文化意蕴与翻译

动物的文化意蕴是指对动物形象的比喻和象征意义。由于地域差异，不同民族对同一种动物形成了不同的观念和审美情趣。随着人类认识的深化、社会的发展、文明的演变，人们根据自身的生活经验赋予更多的动物以各种喻义。这些喻义源于动物，形象鲜明，内涵丰富，寓意深刻，从而构成了民族文化的重要组成部分。

含有动物名称的比喻性词语，都是一定文化背景下的产物，它们所反映的语用含义依赖于对文化背景知识的理解。中华民族的祥瑞动物，以龙、凤、麒麟、龟最引人注目。远在周代，它们就被公认为动物中的"四灵"。"四灵"之中，除龟为实有动物外，龙、凤、麒麟都是典型的由远古图腾崇拜演变而来的理想动物。在漫长的历史发展过程中，人们根据某些动物的体貌和习性，按照社会共同的愿望和想象，对它们加以夸张、美化和完善，使它们逐渐成为某一氏族或民族的瑞象，表达人们希冀平安、吉祥、如意、富贵、安康、长寿的心理和愿望。

下面主要介绍比较典型的动物的文化意蕴及其翻译。

## （一）凤

凤，即平时所说的凤凰，是中华民族的祥瑞动物之一。据文献记载推断，凤凰是古代鸟图腾的融合与神化，如同龙是兽图腾的融合与神化一样。从历代艺术作品中可以看出，凤凰是锦鸡头、鹦鹉嘴、鸳鸯身、大鹏翅、孔雀羽、仙鹤足，全身羽毛五彩斑斓，仪态万方，被誉为"百鸟之王"，是仁、义、礼、智、信的化身，天下太平、安宁的象征。

中国文化极重视天地、阴阳、男女相合的观念。在中国古代，龙代表帝王、天、阳，那就必须有一种祥瑞动物代表后妃、地、阴，凤凰就成为理想的神物。成语"龙凤呈祥"，象征美满姻缘、夫妻恩爱。与凤凰有关的词语还喻指珍贵和吉祥，如"凤毛麟角"比喻稀世之珍，"丹凤朝阳"预兆稀世之瑞。

【例】全县只考上你一个，无论如何是凤毛麟角。[①]

【译文】Only you passed the examination in the whole county. At any rate you are as rare as phoenix feathers and unicorn's horns.

## （二）龟

在"四灵"中，龟是实有的动物，其以能负重、能长寿、能预知吉凶而成为瑞兽灵物。据传说，在黄帝时代，龟载着西王母的仙符从水中出现，并将仙符交与黄帝，黄帝因此战胜蚩尤。后世都把龟作为长寿和预知吉凶的神物。三国时期，曹操在诗文中曾使用"神龟"一词：

神龟虽寿，犹有竟时；腾蛇乘雾，终为灰土。[②]

【译文】Though the tortoise blessed with magic powers lives long.

---

① 出自梁斌《红旗谱》。
② 出自曹操《龟虽寿》。

It is days have their allotted span.

Though winged serpents ride high on the mist.

They turn to dust and ashes at the last.

龟在中国历史上有过长期的显贵地位，当时它作为显赫、高贵的象征，几乎无处不在。历史上曾以龟占卜、以龟命官、以龟作印、以龟作宝、以龟作弊、以龟作书、以龟为历、以龟命名，甚至以龟自号（南宋诗人陆游晚年自号"龟堂"）。

在古代欧洲，龟也有多种象征含义：龟的背甲浑圆，好似上天，腹甲平坦，好比大地，因此象征宇宙；龟产蛋甚多，因而象征繁衍生殖；龟的性格恬淡宁静，故象征忠贞的爱情；由于龟长寿，又代表经久不衰乃至永恒的生命力。

## （三）虎

在中国，古人认为虎是"山兽之君"，是威猛勇武的象征，人们常借虎以助威和驱邪，保佑安宁。虎勇猛威武的形象，自然成为英勇作战的将士们的象征，故有"虎将""虎士""将门虎子"之称及"猛虎下山""如虎添翼""虎踞龙盘"等表示勇猛的词语。周代设宫廷近卫官为"虎贲氏"，领虎士八百；汉代设"虎贲校尉"，为京师的高级武官。古代兵士的头盔、兵器和盾牌上均装饰虎的图案，元帅和将军的坐骑也常用虎皮装饰；调动军队的信物，也做成虎样，故称"虎符"。

在民间，人们把虎视作神物，以求保护全家平安。远在原始社会就已把虎当作保护神，到周代已有在门上画虎驱邪的习俗；至近代，人们画虎符用以壮威、镇宅、驱邪，如将猛虎画像悬挂中堂；有的地方在坟前立上石虎，以作镇墓之兽；每年端午节人们戴艾虎避邪；民间绣品中有虎头帽、虎头鞋、虎头枕等，作为小孩的生日礼物，希望孩子长得像老虎一样威武雄健。

另外，虎毕竟是一种凶猛的野兽，因此在刑法上以虎表示威严，如古代的死牢叫作"虎头牢"。

在西方，虎同样有类似的文化意蕴。"tiger"常用来表示凶猛的人、勇士或猛士。

### （四）狗

英、汉语中"狗"的文化内涵差异较大。

俗语云："儿不嫌母丑，狗不嫌家贫。""狗"的忠义品性是毋庸置疑的。清代著名作家蒲松龄在《聊斋志异》的《义犬》一文中对"狗品"大加赞扬。然而，汉语中与"狗"有关的语句大多含有贬损、鄙夷之义，如狗眼不识金镶玉、狗嘴里吐不出象牙、狗改不了吃屎、狗肉上不了大席、狗眼看人低、好狗不挡道、挂羊头卖狗肉、惶惶如丧家之犬、狗胆包天、狗血喷头、狗仗人势、狗头军师、狼心狗肺、狗急跳墙、鸡鸣狗盗、鸡犬不宁、狗腿子、狗咬狗、狗拿耗子多管闲事、狗咬吕洞宾不识好人心等。

英语中关于"狗"的语句则是褒贬参半。在美国，很多人临死时把遗产不是留给子孙，而是留给自己的爱犬。在好莱坞电影中，狗经常作为重要角色登台亮相，如《101斑点狗》《怪医杜立德》《黑超特警组》等电影。美国著名作家杰克·伦敦的《白牙》和《野性的呼唤》两篇小说对"狗"的美德有非常逼真、细致的描写。

### （五）马

英、汉语中"马"的文化内涵大体一致，多是褒扬、赞美之辞。

马曾经是古代国家综合国力的象征。在我国古代"千乘之国""万乘之国"的说法中，"乘"指的就是"马拉战车"，而骑兵曾是许多国家最重要的军事国防力量。工业革命之前马主要用于农耕、战争和交通，而之后主要用于休闲娱乐，如赛马等。汉语中有很多赞美马的成语，如马到成功、龙马精神、车水马龙、马不停蹄、老马识途、青梅竹马、汗马功劳、宝马良驹等，也有很多中性的成语，如马失前蹄、鞍马劳顿、马首是瞻、人靠衣装马靠鞍、马失前蹄、悬崖勒马、一言既出驷马难追、风马牛不相及、戎马倥偬、戎马生涯、单枪匹马、人有失手马有失蹄等，贬义的很少，如马马虎虎。

我国有很多关于马的诗词，比如，戎马关山北，凭轩涕泗流。/挥手自兹去，萧萧班马鸣。/下马饮君酒，问君何所之？/马上相逢无纸笔，凭君传语报平安。/葡萄美酒夜光杯，欲饮琵琶马上催。/卧龙跃马终黄土，人事音书漫寂寥。/乱花渐欲迷人眼，浅草才能没马蹄。/车辚辚，马萧萧，行人弓箭各在腰。/白日登山望烽火，黄昏饮马傍交河。/马作的卢飞快，弓如霹雳弦惊。/想当年，金戈铁马，气吞万里如虎。这些诗词反映了古代马匹在战争和旅行中的重要作用及其与人类的密切关系。

## 四、植物的文化意蕴与翻译

与动物一样，同一植物由于地域差异，在不同民族中形成的观念、引起的联想也有所不同。从这一点来讲，一些植物所表现出来的某种特性就是文化意蕴。

例如，松树（pine）与橡树（oak）在中英文化中存在着文化意蕴差异。松树是一种四季常青的树。在我国传统文化中，松树、竹子和梅花并称为"岁寒三友"。由于松树树龄可达千余年，我国历代均以松树象征长寿，为老年人祝寿常送"寿比南山不老松"的寿联或"松鹤图"祝愿健康长寿。此外，松树一年四季常青，严冬之时，迎着风雪傲然挺立，象征着坚毅、顽强、高洁、刚直不阿的英雄品格和高尚情操。陶铸曾写过一篇著名散文，题为《松树的风格》，颂扬松树的品格。黄山的迎客松在中国人的心中就有着不可磨灭的印象。然而，"pine"在英语中并没有汉语文化中的那种象征意义。英美等国家的人只知道"pine"是一种常青树，可提供优质木材。

在英语中，有一种树的象征意义与汉语中"松树"的象征意义相同，那就是"森林之王"——橡树（oak）。橡树是一种落叶乔木，生长在英美等国家。橡树树龄通常达200～400年，常长成繁茂的巨树，因此被称为"森林之王"（the monarch of the forest），成为刚健的象征，如"heart of oak"意思是"刚强、勇敢、果断的人"。

显而易见，"松树"与"pine"是对应词，但与"oak"在文化象征意义上一致。翻译中"松树"是按中国文化译成"pine"呢，还是按英语国家文化的习俗译成"oak"？反过来，英语"oak"要不要转译成"松树"？其实，没有这种必要，"oak"就译成"橡树"，"松树"就译成"pine"，这样能给读者一个了解异域文化的机会。

# 第二节　人名与习语文化及其翻译

## 一、人名文化与翻译

人名在语言学上统称为专名，即专有名称，指某一事物（人、地方、机关、团体等）特定的名称。姓名是每位社会成员都有的特定指称。作为一种符号，它代表个人及其家族，具有识别社会成员的作用。无论在中国还是在西方国家，姓名的形成、发展和演变都经历了一个漫长的历史过程，是人类文化的一项重要内容。

### （一）姓氏的文化意蕴与翻译

到目前为止，中国和西方国家使用的姓氏有多少都没有精确的统计数字。我国的《中国姓氏大全》收录姓氏 5730 个，其中，单姓 3470 个，双字复姓 2085 个，三字复姓 163 个，四字复姓 9 个，五字复姓 3 个。[①] 然而，与西方姓氏的数量相比，中国姓氏的数量是小巫见大巫。据不完全统计，法国有 25 万个姓氏，英美国家大约有 35000 个姓氏。[②]

有名有姓是中西方人名的共同特征，但在姓名结构顺序上，中西方却正好相反。我国汉族人名的排列顺序是"姓前名后"，如白居易、王安石、雷锋等。朝鲜、越南、泰国、日本等东方国家的人名也都是"姓前名后"的结构。而西方印欧语系的大多数国家和民族人名结构的排序原则则是"名前姓后"。比如，Karl Marx（卡尔·马克思），Karl 是名，Marx 是姓；

---

① 陈明远，汪宗虎 . 中国姓氏大全 [M]. 北京：北京出版社，1987.
② 舒梦 . 中国姓氏与法国姓氏起源与发展之比较 [J]. 长江丛刊，2016（2）：18.

Lewis Henry Morgan（刘易斯·亨利·摩根），Lewis 是名，Henry 是中间名，Morgan 是姓。

经研究，导致中西方姓名结构顺序差异的原因主要有以下两方面：

首先，从姓名的形成历史来看，中西方人的姓与名产生的时间先后不同。在中国，姓氏的功能是续血统、别婚姻。"姓"字从女，可见姓氏制度产生于母系氏族社会。姓氏制度在上古时期以女子为中心，即子女从母姓。现在我们见到的许多古姓，如姬、姜、妊、姒、姚、妫等都是女字旁。这充分说明了我们的祖先为了"续血统，别婚姻"，早在母系氏族时代就使用了姓。

然而，中国人的"名"产生较晚，夏、商时期才开始使用，如甲骨文和金文中所记载的太丁、阳甲、盘庚、帝乙等皆是。因此，中国人姓名的演变经历了"先有姓，后有名"的历史过程，反映到姓名的排列顺序上便形成了"姓前名后"的结构。

在西方，名的产生比姓早得多。英、法、德、意、葡、西、俄，以及其他大多数欧洲国家在很长的历史时期只有名而无姓。姓到中世纪后期才开始出现。英国人在 11 世纪开始在贵族中使用姓，而全国普遍使用姓是在文艺复兴时期以后。法国人和德国人使用姓是从 13 世纪后开始的。俄罗斯人的姓在 16 世纪才出现。西方这种"名早姓晚"的特点反映到姓名的排列顺序上便是"名前姓后"。

其次，中西方人的价值观念不同。中国古代是一个宗法社会，中国先民形成了很强的宗族观念。中国人认为，姓代表宗族和血缘关系，而名则代表个人。在中国传统观念中，宗族的延续可以说高于一切，因此代表宗族的姓比一个人的名字重要得多。"姓在前，名在后"正是这种"重群体，轻个体"的传统文化在姓名排序上的体现。然而，西方人则相反，他们没有中国人那种重群体的文化心理，他们崇尚个性，强调个人独立，个性受到重视。这样，代表个人的名理应在先，而代表群体的姓就自然置于其后了。

### （二）取名的文化意蕴与翻译

中国人取名的基本原则是：形美、音美和义美。所谓形美，即选择字形匀称、笔画繁简适度的字，太简则可能被认为家庭文化程度低，太繁则不易辨认和书写，给日后交际带来一定困难；所谓音美，即选择发音响亮清晰、易于上口的字，如"强、昌、良、华"和"红、兰、芳、花"等；所谓义美，即选择内涵丰富、寓意高雅、吉祥如意的字，如"发、祥、嘉、财、玉、宝"等。由于取名者的审美观念不同和时代风尚的变迁，选字的标准也必然因人而异，有人爱用冷僻的古字，以显示所选名字的高雅独特、超凡脱俗、与众不同，也有人喜欢用通俗的字，以表示喜爱亲昵之情，更有"贱而长寿"或"以邪压邪"之意。

英美等国家的人的取名方式有以下几种：

（1）以宗教取名。我们常见的英语人名，如 Diana（黛安娜，为"月亮女神"）、Athena（雅典娜，为"智慧女神"）、Eliot（艾略特，为"上帝的礼物"）、Helen（海伦，为"美丽女神"）等。

（2）以标志勇敢或出人头地思想的事物取名。如 Boris（鲍里斯，为"勇士"）、William（威廉，为"强大的捍卫者"）、Richard（理查德，为"强有力的统治者"）、Harold（哈罗德，为"统帅"）、Abraham（亚伯拉罕，为"万民之父"）等。

（3）以职业取名。如 Mason（梅森，为"石匠"）、Durward（德沃德，为"守门人"）、Penelope（佩内洛普，为"织女"）等。

此外，英美等国家的人还有以外貌特征、动植物名称、货币等取名的方式。

# 二、英汉习语文化对比

## （一）英汉习语结构形式对比

从结构形式方面来看，英汉习语存在诸多不同。

1. 英语习语的结构形式

英语习语的结构形式的灵活性特点比较明显，可松可紧，可长可短。

【例1】What one loses on the swings one gets back on the roundabouts.

【译文】失之东隅，收之桑榆。

【例2】Hair by hair you will pull out the horse's tail.

【译文】矢志不移，定能成功。

【例3】One boy is a boy，two boys half a boy，three boys no boy.

【译文】一个和尚有水吃，两个和尚挑水吃，三个和尚没水吃。

2. 汉语习语的结构形式

从汉语习语的结构形式来看，整体呈现出用词简练、结构紧凑的特点，并且大多为词组性短语。从习语的字数来看，多为两个字、三个字或四个字的结构形式。当然，也有少部分字数较多的对偶性短句，如"踏破铁鞋无觅处，得来全不费工夫""螳螂捕蝉，黄雀在后"。但是，这类汉语习语实属凤毛麟角。

## （二）英汉习语对应程度对比

整体而言，英汉习语在对应程度方面存在对应、半对应和不对应的情况。下面对这几种情况进行具体分析：

### 1.英汉习语的对应性

虽然以英语为母语的国家和中国在思维方式、生活习惯、认知能力等方面存在着诸多差异，但是二者赖以生存的外部条件，包括地理状况、季节更迭、气候变化等，仍存在着各种共性。这种共同的认知反映在语言层面便可通过习语表达出来，英语和汉语都是如此。英语中有许多习语在字面意义、喻体形象和比喻意义方面与汉语习语存在一致性。这些习语在两种语言中不仅具有相同的语义，在表达方式与结构上也高度相似，并且这种对应关系从字面意义上便一目了然。这些习语被称为"相互对应的习语"。例如：

pour oil on the flame　火上浇油

be on thin ice　如坐针毡

throw cold water on　泼冷水

draw cake to satisfy one's hunger　画饼充饥

A beggar's purse is bottomless.　乞丐的钱袋是无底洞。

Bird is known by its note and a man by his talk.　闻其歌知其鸟，听其言知其人。

Think with the wise, but talk with the vulgar.　同智者一起考虑，与俗人一起交谈。

A burden of one's choice is not felt.　爱挑的担子不嫌重。

2. 英汉习语的半对应性

英汉两种语言属于不同的语系和不同民族的母语。不同环境下的人们在生活经历和对外部世界的看法上不可能完全一致。语言是客观事物在人们头脑中的具体反映。客观外部环境不同、对外部世界的认知不同也会引起习语的部分不对应。

英语习语和汉语习语都是在其文化的发展过程中，经过长期的社会实践所提炼出来的短语和短句，是文化中的精华。因此在具体的习语表达形式上也会呈现各自特有的文化内涵。

英汉习语与其民族的文化历史渊源密切相关，并在社会、历史、心理、民俗等各类现象中得以反映。英汉习语的意义兼顾字面意义和文化意义。在理解习语的同时，我们要对其意象加以转换，用合适的目的语阐释其内涵。这些不完全对应的习语被人们称为"半对应的习语"。例如：

after one's own heart　正中下怀

plentiful as blackberries　多如牛毛

as silent as the graves　守口如瓶

castle in the air　空中楼阁

fish in the water　水中捞月

between the devil and the deep sea　进退维谷

hit someone below the belt/stab someone in the back　暗箭伤人

Beat the dog before the lion.　杀鸡给猴看。

Take not a musket to kill a butterfly.　杀鸡焉用宰牛刀。

3.英汉习语的非对应性

由于英汉两个民族之间的差异，有的事物或现象你有我无、你无我有，在语言词汇或表达习惯上难免会出现各种各样的偏差。在英语习语中，存在大量与汉语习惯用法和汉文化特征大相径庭的习语，即"非对应的习语"。例如：

bull market　牛市

bear market　熊市

one's face glowing with health　红光满面

# 第三节　饮食与典故文化及其翻译

## 一、饮食文化与翻译

无论是东方还是西方，饮食是人们的基本需求，是一切人类文明的前提。中式菜肴林林总总、丰富多彩，其命名方式，既有现实主义的写实手法，又有浪漫主义的写意笔调；既蕴含着深厚的历史文化背景，又充满着民俗情趣和地方风味。因此，有的菜名已不单纯是一个菜的名称，而是一个可引发丰富联想的艺术名，甚至有的菜名背后还流传着动人的传说。

译者应准确、形象地把中式菜肴名称译为英语，让外国友人不仅能亲口品尝到我国菜肴的独特风味，还能通过菜名了解中式菜肴的烹调艺术和文化内涵。

菜肴名称的翻译，首先应该让外国客人了解菜肴的原料和烹调的主要方法，其次应反映出菜肴"色、香、味、形"的主要特点，如有可能还应简略介绍与菜肴有关的民俗风情或历史传说，文字应该简洁明了。根据中式菜肴的主要特点和菜名的英译要求，译者一般可采用以下四种方法进行翻译：

### （一）直译类

中式菜肴绝大多数是写实型菜名，通常包含原料名（主料、配料和调料）和烹调法，英译时可采用"烹调法＋加工法＋原料（主料＋配料＋调料）"的格式，如"烹调法＋主料名""烹调法＋加工法＋主料名＋with/in＋调料名"。

### （二）意译类

中式菜肴不仅讲究烹调艺术，其名称也讲究典雅、富有寓意。因此有些菜名会根据主料和配料的色或形的特点，或经烹调后菜肴的整体造型，起一个吉祥如意或富有艺术气息的典雅名称。对这类菜名的翻译，译者只能采用意译的方法，舍形或舍音求意，将其原料和烹调方法全部照实译出。

### （三）直译＋意译类

还有些菜肴名称的部分术语，根据制作原料，择其"色、香、味、形、音"等特点，用表示吉祥喜庆等的行话隐语表达，这对于缺乏中国文化背景知识的外国客人来说是难以理解其深刻含义的。对这种菜名的翻译，译者宜采用直译与意译相结合的方法，将行话隐语所蕴含的寓意直接译出。

### （四）直译＋注释类

（1）我国地域广阔，各地民情、风俗不同。一些具有地方特色的名菜，其名称通常是"地名或人名＋菜名"，可采用"直译地名或人名＋菜名"或"菜名＋（in）...style"的格式翻译。

（2）有些菜名，源于历史典故或民间传说，其名称本身既不反映菜肴的原料，也不反映其烹调制作的方法。若要讲清其含义，必须讲述一个故事或一段历史，作为菜名翻译是无法解释清楚的。对这类菜名的翻译，译者宜采用直译其名加解释的方法。

（3）药膳。药膳是中国传统饮食疗法之一，也是中国饮食文化的一个重要特色。由于药膳既有营养，又有防病治病、健体强身、延年益寿的功效，因此颇受国外食客的欢迎，不少宾馆的菜单中都有药膳。这些药膳菜肴名称的翻译，不仅要译出菜肴的原料和烹调制作方法，还要简明扼要地译出其主要药理作用，以体现药膳独特的风味和功效，同时也便于不熟悉中国饮食文化的外国食客选择和品尝。

# 二、英汉典故文化对比

## （一）英汉典故设喻方式对比

英汉典故在来源方面是基本一致的，因而各自典故的设喻方式也大体类似。概括来看，英汉典故的设喻方式通常有以下几种类型：

1. 借助地名设喻

借助地名设喻是指将特定时间或故事所涉及的地名作为喻体，用以表达一种特定的寓意或喻指。例如，英语中的"meet one's Waterloo"（遭遇滑铁卢），滑铁卢是比利时的一个城镇，在这里发生的滑铁卢战役中，拿破仑率领的法军战败，后人就用此语来喻指惨遭失败。

汉语中也有这样的典故。例如，"东山再起"的典故讲的是东晋谢安隐居于东山，后来又出山任朝廷要职，此语喻指失势之后重新恢复地位、权势等。

2. 借助人物设喻

借助人物设喻是指将特定时间或故事所涉及的人物作为喻体，来表达一种特定的寓意。例如，英语中有 "Herculean task"（赫拉克勒斯的任务），这一典故取自古希腊神话，赫拉克勒斯是主神宙斯之子，力大无比，故被称为大力神，所以该典故被用来喻指艰难的、常人难以完成的任务。又如，"Shylock"（夏洛克）是莎士比亚喜剧《威尼斯商人》中一位内心残忍的守财奴，经常被用来指那些既吝啬小气又手毒心狠的人。

汉语中也有许多以人物设喻的典故。例如，"孟母三迁"原本说的是孟子的母亲在孟子幼年时十分重视对邻居的选择，为了给他选择一个良好的教育环境，曾三次迁居，后来被用来喻指选择良好的居住和教育环境对儿童教育的重要性。其他以人物设喻的汉语典故还有"成也萧何，败也萧何""姜太公钓鱼""王祥卧冰"等。

3. 借助事件设喻

借助事件设喻是指将特定的事件或故事作为喻体，用以表达一种特定的寓意或喻指。例如，英语典故 "the Last Supper"（最后的晚餐）出自基督教故事：耶稣得知自己将被一门徒出卖后，依然从容坚定，召集十二门徒共进最后的晚餐，同时当场宣布这一预言。后用该典故喻指遭人出卖。

汉语文化中也有很多以事件设喻的典故。例如，"负荆请罪"这一典故讲的是战国时期廉颇为自己的居功自傲、慢待蔺相如而向其负荆请罪，从而使将相友好相处。后来用该典故喻指认错赔礼。

4. 借助动植物设喻

借助动植物设喻是指将特定的事件或故事所涉及的动植物作为喻体，

用以表达一种特定的寓意。例如，英语典故"scapegoat"（替罪羊），源自《圣经》故事，讲的是在古犹太人举行的赎罪祭中，大祭司将通过抽签抽来的一只大公羊作为本民族的替罪羊放入旷野，以带走本民族的一切罪过，现用来指代人受过或背黑锅的人。

在汉语文化中，"鹬蚌相争，渔翁得利"也是以动植物设喻的典型例子，讲的是一只蚌张开壳晒太阳，鹬去啄它，被蚌壳钳住了嘴，在双方相持不下时，渔翁来了，把两个都捉住了，后人用这一典故来喻指双方相互争执却让第三方得利。"草木皆兵"讲的是前秦苻坚领兵进攻东晋，进抵淝水流域，登寿春城瞭望，见晋军阵容严整，又远望八公山，把山上的草木都当作晋军而感到惊惧，后来被用来喻指惊慌之时的疑神疑鬼。类似的典故还有"狐死首丘"等。

### （二）英汉典故文化渊源对比

英语与汉语中的很多典故都从神话传说、历史故事、寓言故事、宗教信仰、文学作品及风俗习惯中汲取营养，创造了很多脍炙人口的典故。此外，还有一部分英语典故来自影视作品、体育运动或社会生活。下面对两种文化下的典故文化渊源进行对比分析：

1.英语典故的文化渊源

英语典故的文化渊源主要包括以下几方面：

（1）历史事件

英国虽然是一个历史悠久的国家，但只有少数反映本民族故事的历史典故。在英语文化中，有很多来源于欧洲众多国家历史事件的历史典故，如"draw a line in the sand"（划定一个限度）、"smoking gun"（冒烟的枪/

确凿的证据）、"shuttle diplomacy"（穿梭外交）、"Tokyo Rose"（东京玫瑰）等，类似的英语典故还有很多。

"Pyrrhic victory"（皮洛士的胜利）喻指得不偿失的胜利。这一典故来源于古希腊时期，伊庇鲁斯（Epirus）的国王皮洛士（Pyrrhus）在公元前281年和公元前279年两次率重兵渡海征战意大利，在付出了巨大的代价后取得了胜利。

"fiddle while Rome is burning"（面对罗马火灾仍弹琴作乐）喻指大难临头却依然寻欢作乐，对大事漠不关心。公元64年，罗马帝国首都罗马遭遇大火，而当时的罗马皇帝尼禄（Nero）却无动于衷，坐在高高的城楼上一边弹奏乐器、哼唱歌曲，一边欣赏眼前的火灾。

"gold Rush"（淘金热）喻指做某事的热潮。这一典故原意是指美国历史上西部淘金时期的高峰期。

"Give me liberty or give me death."（不自由，毋宁死）这一至今广为流传的名言出自美国独立战争时期杰出的革命家、演说家帕特里克·亨利。1775年，在第二届弗吉尼亚代表大会上，帕特里克·亨利在发表演说时提出了这一名言，号召北美殖民地人民团结起来反抗英国统治，并预言战争即将爆发。

"The only thing we have to fear is fear itself."（我们唯一不得不感到恐惧的就是恐惧本身）这句人们经常引用的名言出自富兰克林·罗斯福总统1933年3月4日的就职演说。当时，美国正遭遇经济大萧条，处于严重困难时期，罗斯福在就职演讲上希望全国人民能够镇定自若，在危急时刻支持政府。

（2）古代经典

英语文化中有许多典故来自古代的经典作品，特别是古希腊和古罗马神话，还包括各种民间传说、寓言故事及各个时期著名文学戏剧大师的经典作品。西方的寓言故事对英语典故的产生具有重要影响。例如，"kill the goose that lays the golden eggs"（杀鸡取卵）的意思是牺牲将来的利益，满足眼前的需要。这一典故源自《伊索寓言》：有个人有只母鸡，能产出美丽的金蛋。他以为母鸡的肚子里有金块，于是把它杀了，却只见它同别的母鸡是一样的。他希望得到大宗财富，却把眼前的利益也失掉了。

（3）文学作品

英语中同样有很多来自文学作品的典故。例如，人们经常使用 odyssey 喻指磨难重重的旅程或艰难的历程。在英语文化中，Odyssey(《奥德赛》)与 Iliad(《伊利亚特》) 合称为古希腊的两大史诗，相传为荷马所作。两部史诗都分有 24 卷,《奥德赛》约 12000 行,《伊利亚特》约 15000 行。《奥德赛》一诗描述了古希腊神话英雄奥德修斯在特洛伊战争中以"特洛伊木马"攻破特洛伊城后，在海上漂流了 10 年，战胜了独眼巨神，制伏了女巫，经历了种种艰险，终于回到了自己的国家，夫妻团圆。

（4）体育典故

英美等国家尤其是美国，体育运动十分发达，有着良好的体育传统。大多数美国人具有运动健身的习惯。因此，人们通常对体育话题十分感兴趣，从而使许多体育运动的术语流行于人们的日常生活中。久而久之，篮球、棒球、橄榄球、拳击等热门体育项目常用的体育术语通过转义而被广泛用于日常生活领域，并且逐渐演变为典故。例如：

"carry the ball"（做持球队员）喻指在某项行动或艰巨任务中承担最重要、最困难的职责。这一典故从橄榄球术语借用而来，原意是指在射门时充当持球队员。

"be down and out"（击倒出局）喻指经过努力而彻底失败或贫困潦倒，陷于完全无望的处境。这一典故源于拳击比赛中常用的术语，原意是指被对手击倒在地而遭淘汰。

"drop back and punt"（凌空踢落地反弹球）喻指放弃目前的策略，尝试采用其他办法。这一典故源于橄榄球术语，原意是指抛球后待球落地反弹起来之后朝对方球门凌空抽射的技术动作。

"hat trick"（帽子戏法）喻指在巧妙而利落地同时做成多件事。这一典故出自魔术，原意是指魔术师用帽子变的戏法。后来，这一魔术用语不仅用于英国板球运动中，指一个板球投手连续三次击中柱门，还用于足球、曲棍球等运动，指一个足球或曲棍球队员在同一场比赛中独进三球。

"have two strikes against someone"（三击中已有两击不中）喻指处于极其不利的境地。这一典故从棒球比赛规则中借用而来，原意是指球手三击不中就必须出局退场，因此球手两击不中就很危险了。

"hit/strike below the belt"（击打腰带以下部位）喻指采取不正当手段攻击或对付对方以获胜。这一典故来自拳击术语，原意是指违规击打对手身上不应击打的部位。

"not get to first base"（尚未跑上一垒）喻指计划尚未启动，或者在计划开始实施之初就遭受挫折，或者距离成功尚需时日，甚至遥不可及。这一典故源自棒球，原意是指棒球击球手没有成功地跑到第一垒。

"squeeze play"（挤牌）喻指迫使对方处于进退两难的境地，导致其因失败而不得不付出代价的行动。这一典故来自桥牌术语，是打桥牌的一种战术，即根据敌我牌情创造条件，紧逼对方出某张牌，从而迫使对方就范。

"strike out"（三击不中而出局）喻指失败。这一典故来自棒球术语，原意指击球手在比赛中三击不中就要退场。

"swallow the bait, hook, line and sinker"（不但吞食了鱼饵，而且连同渔钩、渔线和铅坠一同吞了下去）喻指被小恩小惠诱惑而全盘、彻底地上当受骗、中圈套。这一典故源自钓鱼术语，意指有时鱼过于贪食鱼饵而将渔钩、渔线甚至铅坠一并都吞了下去。

"play one's trump card"（打出王牌）喻指在工作、经商、比赛、对抗或战争中使出绝招，采用最有把握取胜的办法。这一典故原是桥牌术语，意指关键时刻打出王牌以制胜。

"The ball is in sb's court"（该轮到某个球员击球了）喻指该轮到某人采取行动了。该典故原是网球比赛常用术语。

（5）现当代经典

英语典故还经常取材于现代、当代的各类经典，包括文学、影视等，如"Snoopy"（史努比）、"Tarzan"（人猿泰山）、"Spider-Man"（蜘蛛侠）、"Superman"（超人）、"Zorro"（佐罗）、"Pinocchio"（匹诺曹）、"Uncle Tom"（汤姆叔叔）、"Black Humor"（黑色幽默）、"Shangri-La"（香格里拉）、"Angry Young Men"（愤怒青年）、"Sophie's Choice"（苏菲的选择）、"Peck s bad boy"（佩克的坏孩子）、"Seven-year itch"（七年之痒）、"Yellow Ribbons"（黄丝带）。下面介绍一些来源于当代经典的英语典故：

"Dragon Lady"（龙夫人）喻指因丈夫的权势而操纵大权的女人。这一典故源自连环漫画《特里和海盗》中一个有权威的、盛气凌人的女人。

"James Bond"（詹姆斯·邦德）喻指有勇有谋、反应敏捷、本事高强的人。这一典故源自英国作家伊恩·弗莱明的小说及其电影中智勇双全的代号为007的间谍形象。

"Mickey Mouse"（米老鼠）常用来喻指简单的、初级的、容易的东西，或者指微不足道的东西，往往表示轻视或不满的情绪。Mickey Mouse 在1928年的动画片《威利号汽船》中问世，后来在一系列的迪士尼动画片中出现，成为华特·迪士尼动画片中最著名的角色，也是迪士尼王国的关键角色。

"Clockwork Orange"（发条橙）喻指被洗脑后失去个性的人，尤其是指个性受压制、按条件反射行事的人。这一典故源自1971年出品的好莱坞电影《A Clockwork Orange》，该电影改编自同名小说，曾获第44届奥斯卡金像奖"最佳影片奖"的提名。电影中描写了一个追求享乐、没有道德观念的年轻人拉帮结派、胡作非为，闹得四邻不安，在他入狱后为了提前重获自由自愿接受特殊的人格治疗，却在"痊愈"后遭到正义的迫害的故事。

"the Beat Generation"（垮掉的一代）喻指不满现实、反叛传统、追求自由、我行我素的人。"the Beat Generation"原指20世纪50年代出现的一个文学流派，也指该流派所代表的一代人。这一流派最著名的代表作有艾伦·金斯伯格的长诗《嚎叫》、杰克·凯鲁亚克的长篇小说《在路上》。

"make my day"（让我一天都开心）喻指对对手的某种行为的强烈反应、

高度兴奋，自信能战胜对手，肯定会马到成功。这一典故源自美国电影《拨云见日》。该电影中一位名叫"胡来的哈里"的警探拔枪对准一个也试图掏枪的犯罪嫌疑人，说"Go ahead，make my day"。

（6）莎翁戏剧

莎士比亚的作品也是英语典故的一个主要来源。下面介绍一些来自莎士比亚戏剧的英语典故：

"salad days"（色拉岁月）喻指天真幼稚、缺乏人生经验的青少年时期。该典故源自莎士比亚的《安东尼与克里奥帕特拉》。在此剧中，埃及女王克里奥帕特拉称自己在与罗马统帅恺撒相好的时候还是"色拉岁月"。

"caviar to the general"（不为一般人所喜好的鱼子酱）喻指阳春白雪，曲高和寡。该典故出自莎士比亚的著名悲剧《哈姆雷特》中的第二幕第二场。

"it is Greek to me"（他讲的是希腊话）喻指一点儿不理解、一窍不通。该典故出自莎士比亚的剧本《裘力斯·恺撒》。

"some men are born great，some achieve greatness，and some have greatness thrust upon them"（有的人是生来的富贵，有的人是挣来的富贵，有的人是送上来的富贵）喻指人生的富贵、功名等的获取各有各的道路。这一典故出自莎士比亚的喜剧《第十二夜》。

2. 汉语典故的文化渊源

从文化渊源进行分析，汉语典故比较常见的文化渊源主要有以下几种：

（1）历史史实

中华民族是一个历史悠久的民族，经历过多次改朝换代，而每个朝代都会发生重大的历史事件。因此，有大量反映历史事件、历史故事的典故成为汉语语言的一部分。比如，"卧薪尝胆""负荆请罪""四面楚歌""闻鸡起舞""口蜜腹剑"等，这些典故本身就是对历史事件的概括；"助纣为虐""殷鉴不远"等典故，则表达了人们对历史的看法和评价，具有一定的社会认识价值。下面再介绍一些源自历史史实的汉语典故。

"乐不思蜀"（be so abandoned to pleasure as to home and duty）喻指乐而忘返，用于贬义时则指贪图享乐而忘记自己的家乡与职责。《三国志·蜀书·后主传》记载，三国时期，蜀汉亡国后，后主刘禅被安置于魏国的都城洛阳。有一天，司马昭问刘禅是否想念西蜀。刘禅回答道："此间乐，不思蜀。"

"毛遂自荐"（volunteer to do something/recommend oneself for position or task）喻指自告奋勇，自己推荐自己担任某项工作。该典故出自史书《史记·平原君列传》：战国时期，秦军围攻赵国都城邯郸，平原君奉命去楚国求救，其门下食客毛遂自动请求与平原君一同前去。到了楚国以后，平原君跟楚王谈了一上午都没有结果，于是毛遂挺身而出向楚王陈述利害，楚王才派兵去救赵国。

"庆父不死，鲁难未已"（There will be no peace for nation without getting rid of those bent on crewing internal unrest）喻指不除掉制造内乱的罪魁祸首，国家就无法得到安宁。《左传》记载，庆父是春秋时期鲁国鲁庄公的弟弟。在鲁庄公死后，庆父为了篡位夺权，先后杀死了两个国君，从而造成鲁国动乱不安、动荡不止。

"赔了夫人又折兵"（pay double penalty for attempting to gain an unwarranted advantage）喻指想占便宜者没占到便宜反而遭受损失。《三国演义》记载，周瑜设计将孙权的妹妹许配给刘备，准备在刘备到东吴成婚时趁机扣留以夺回荆州，结果刘备带着新婚夫人逃回，而周瑜带兵追赶又被诸葛亮用伏兵打败。

（2）神话传说

神话传说是最古老的典故来源之一。神话传说是古人所创造的一些关于神仙、古代英雄的故事，往往体现着古代劳动人民对一些自然现象的天真解释，或者对社会生活的美好向往。中华民族不仅是一个历史悠久的文明古国，也是一个神话传说源远流长的国家。中国的神话故事大多反映中国古代人民对自然和社会生活的认识，并且每一个典故背后都有一个感人的故事。例如，"愚公移山""牛郎织女""嫦娥奔月""夸父追日""精卫填海""女娲补天"等典故都是源自神话传说。下面再介绍一些源自神话传说的汉语典故。

"伯牙绝弦"（It is quite difficult to find person who is keenly appreciative of one's talent）这一典故喻指知音难遇。《列子·汤问》记载，伯牙是古代一位善于弹琴的乐者，而钟子期善解琴音，是伯牙的知音。在钟子期死后，伯牙认为再没有人能像钟子期那样懂得他的音乐，于是破琴绝弦，终生不再弹琴。

"八仙过海"（the eight Immortals cross the ocean each displays their own talent or skill to see who is the best）这一典故寓意是各自有一套办法，或各显其能，互相竞赛。"八仙"是指张果老、汉钟离、铁拐李、吕洞宾、韩湘子、曹国舅、蓝采和、何仙姑。明代的《东游记》记载，相传"八仙"过海时不用舟船，而是使用各自的一套法术，各使手段、各显神通地过海。

"画龙点睛"（bring picture of dragon to life by in the putting pupils of its eyes）这一典故喻指在作文或言谈时，在关键之处加上精辟的词句点明要旨，从而使之更加精辟传神、生动有力。唐朝张彦远《历代名画记》记载，传说梁代张僧繇在金陵安乐寺寺壁上画了四条龙，却不给龙点眼睛，说如果点了眼睛，龙就会飞掉。别人不相信，偏叫他点上。结果，张僧繇刚给其中一条龙点上眼睛，便雷声大作，震破墙壁，这条龙乘云上天，只剩下没点眼睛的三条龙。

（3）民间习俗

风俗习惯是指社会上长期形成的风尚、礼节、习惯的总和，它们构成了民间的风俗，是社会文化的重要组成部分，是促使语言不断丰富和发展的源泉，也是典故产生的来源之一。比如，汉语中的"各人自扫门前雪，休管他人瓦上霜"这一典故源自人们的生活习惯：在冬天下雪的时候，各家各户为了行走方便，各自清扫自己庭院中或门前的积雪。该典故现在常用来指各自为政，只考虑自己的利益而不顾他人或集体利益的行为。另一典故"半斤八两"源自中国习惯使用的"斤"这一计量单位，整个成语表示一半对一半。下面再介绍一些源于民间习俗的汉语典故。

"下马威"（severity shown by an official on assuming office）泛指一开始就给以颜色，给对方一点厉害，或者向对方显示威力。在封建社会的官场中，新官上任后的普遍做法是刚一上任就严厉处罚一批属吏，以此显示自己的威风，从而收到敲山震虎之效。

"采兰赠芍"（present peony to the other for orchid given by him or her between couple of lovers）喻指彼此相爱之情。芍是指芍药，是一种香草。古代男女青年你采兰花给我，我回赠芍药于你，以表示爱意。

"三茶六礼"（complete ritual in decent wedding）喻指礼仪完备、明媒正娶。其中，"三茶"指我国旧时娶妻多用茶作为聘礼的习俗，"六礼"指纳彩、问名、纳吉、纳征、请期、亲迎这六项娶亲礼仪。

"民以食为天"（Hunger breeds discontentment）意思是以粮食为生存的根本。这是由于长期的生产、生活使中国人深刻地意识到粮食对人类生存的重要性。现代的餐饮业又赋予这一典故另一种新意，即享受美食乃人生首要乐事。

（4）古典文献

有一些汉语典故是从古典文献（包括史学、哲学、文学书籍与作品）中的经典名言名句里抽取、提炼、演变而来的，是人们为了方便使用而概括出来的。例如，出自《三国演义》的"三顾茅庐""过五关斩六将"，出自《红楼梦》的"金玉良缘"，出自《水浒传》的"梁山好汉"，出自《西游记》的"唐僧肉"，出自《吕氏春秋·明理》的"罄竹难书"，出自杜甫诗句的"射人先射马，擒贼先擒王"等。下面再介绍一些源自古典文献的汉语典故。

"兔死狗烹"（kill the trusted aides once they have outlived their usefulness）比喻事情成功之后，把为此效力且有功的人抛弃或杀掉，多指统治者在成功后杀掉功臣。该典故出自《史记·越王勾践世家》："范蠡遂去，自齐遗大夫种书曰：'飞鸟尽，良弓藏；狡兔死，走狗烹'。越王为人长颈鸟喙，可与共患难，不可与共乐。子何不去？"

"鞭长莫及"（beyond the reach of one's power or authority）比喻距离太远力量还达不到。这一典故出自《左传·宣公十五年》："古人有言曰：'虽鞭之长，不及马腹。'"

"名落孙山"（fail the examination or competition）用以婉言应考未中。这一典故出自宋代范公偁《过庭录》：宋代孙山考中了末一名，有人向他打听自己的儿子是否考中，孙山便回答道"解名尽处是孙山，贤郎更在孙山外"。

"皮之不存，毛将焉附"（With the skin gone, what can the hair adhere to.）喻指事物没有基础就不能存在。这一典故出自《左传·僖公十四年》："皮之不存，毛将焉附？"

"逃之夭夭"（make one's get away）原本是形容桃树枝叶繁茂，由于"桃"与"逃"同音，后来人们用这一典故喻指逃跑、溜走，是一种诙谐的说法。这一典故出自《诗经·周南·桃夭》："桃之夭夭，灼灼其华。"

## 三、英汉典故文化互译

### （一）直译加注法

对于一些英语典故，如果仅采用直译的方法，很难使中国读者完全理解其中的寓意；如果改为意译，又很难做到保持原有的形象和风格。这时就可以采用直译加注法来对其进行翻译。这不仅可以保持其原有的形象和风格，还可让读者理解其潜在的意义。例如：

【例 1】A good dog deserves a good bone.

【译文】好狗应得好骨头。（有功者受奖）

【例 2】There is no rose without thorn.

【译文】没有不带刺的玫瑰。（世上没有十全十美的幸福；有乐必有苦）

【例 3】An old dog will learn no new tricks./You cannot teach old dogs new tricks.

【译文】老狗学不出新把戏。（老顽固不能学新事物）

### （二）直译联想法

在英汉两种语言中，有许多典故的含义或比喻意义基本相同，但表达方法存在很大的差异，这是由以英语为母语的国家和中国的文化差异造成的。对这种情况，译者就可以使用直译联想法进行处理。所谓直译联想法，是指直译原文而得出的译文容易使译文读者联想到自己所熟悉的典故。例如：

【例1】Bad workmen often blame their tools.

【译文】拙匠常怪工具差。（联想：不会撑船怪河弯）

【例2】It' s a long lane that has no turning.

【译文】路必有弯；世上没有直路。（联想：事必有变；瓦片也有翻身日）

【例3】He who laughs at crooked men should walk very straight.

【译文】笑别人驼背的人得自己首先把身子挺直。（联想：己不正何以正人）

### （三）意译改造法

英汉文化中有许多在形象和风格方面存在差别的典故，它们的意义大致相同，所以翻译时，只需略加改造即可达意，还可以避免改变原文典故的结构和习惯。例如：

【例】One swallow does not make a summer.

这句英语谚语的直译：只发现一只燕子不能说明夏天的来临。

汉语里没有与此完全等值的谚语，但是有与其相似的谚语，如"一花不是春"或"独木不成林"等。因此，译者可以采用意译加改造的办法将其译成"一燕不成夏"。

## （四）等值互借法

对英汉文化中一些在意义、形象或风格上都比较相似或近似的典故，译者就可以采取等值互借法。例如，"Walls have ears"可以借助汉语谚语译成"隔墙有耳"，既忠实于原义、原有形象及风格，又符合汉语的谚语结构和习惯。这样的例子还有很多，如下所述：

【例 1】Great minds think alike.

【译文】英雄所见略同。

【例 2】Like father，like son.

【译文】有其父必有其子。

# 参考文献

[1] 张晓雪 . 论语英译与中华典籍对外传播策略探究 [M]. 上海：上海交通大学出版社，2022：11-20

[2] 侯莹莹 . 跨文化视域下英语翻译与教学研究 [M]. 北京：中国纺织出版社，2022：61-70.

[3] 张健 . 新时代对外宣传与翻译研究 [M]. 上海：上海外语教育出版社，2022：17-26.

[4] 张丽坤 . 跨文化交际视角下英语翻译研究与实践探索 [M]. 延吉：延边大学出版社有限责任公司，2022：22-33.

[5] 伍澄，张学仕 . 传播学视角下的英语翻译策略探究 [M]. 长春：吉林大学出版社有限责任公司，2022：48-56.

[6] 施莹莹，王红娟，李保丽 . 英语教育教学理论与实践 [M]. 长春：吉林人民出版社，2022：66-79.

[7] 阮岳湘 . 文化内涵与语言翻译 [M]. 北京：九州出版社，2021：34-51.

[8] 李丽娜 . 英汉翻译策略与文化多元对比研究 [M]. 长春：吉林人民出版社有限责任公司，2021：55-70.

[9] 黄文虹 . 词语翻译研究 [M]. 南昌：江西高校出版社，2021：13-32.

[10] 李莞婷，夏胜武 . 跨文化交际视阈下的商务英语翻译探究 [M]. 长春：吉林出版集团股份有限公司，2021：78-89.

[11] 文旭. 语言、翻译与认知：第 1 辑 [M]. 北京：外语教学与研究出版社有限责任公司, 2021：34-56.

[12] 张严心, 李珍. 英汉语言文化差异下的翻译研究 [M]. 北京：中国商务出版社, 2021：99-117.

[13] 薄利娜, 杨甜甜. 当代英语翻译理论的多维度思考与探究 [M]. 太原：山西经济出版社, 2021：101-115.

[14] 陈莹. 英语翻译理论与实用文体翻译研究 [M]. 西安：西北工业大学出版社, 2021：44-63.

[15] 陈璐, 罗颖, 汪银萍. 英汉文化翻译教学与实践研究 [M]. 广州：广东旅游出版社, 2021：71-82

[16] 蔡玲. 大学英语教学实践探索 [M]. 长春：吉林文史出版社, 2021.03.

[17] 李延林, 钟佳, 刘亚梅. 论英汉语言和翻译的理论与实践 [M]. 西安：三秦出版社, 2021：50-60.

[18] 龚蒙. 大学英语翻译教学中跨文化意识的培养策略 [J]. 海外英语, 2022（4）：88-89, 100.

[19] 赵红卫. 大学英语教学中的茶文化翻译策略研究 [J]. 福建茶叶, 2022（3）：191-193.

[20] 李昆澄. 跨文化语境下的商务英语翻译困境与策略 [J]. 现代英语, 2022（4）：53-56.

[21] 张珊姗. 基于文化差异的食品英语翻译策略 [J]. 中国食品, 2023（8）：107-109.

[22] 崔丹，朱殿勇，常洪艳．商务英语翻译中蕴含的文化因素及翻译策略分析 [J]. 环球市场，2021（26）：263-264.

[23] 盛思雨．英语翻译中跨文化视角转换与翻译策略 [J]. 作家天地，2021，（27）：29-30.

[24] 熊伟．英语翻译的文化策略研究 [J]. 汽车世界，2019（9）：157.

[25] 梁琦，王菲菲．中西文化差异下英语翻译问题及翻译策略 [J]. 中国科技期刊数据库 科研，2022（5）：189-192.

[26] 生悦．英语翻译视角下英语文化传播特点与创新策略 [J]. 快乐阅读，2022（3）：84-86.

[27] 赵媛媛，刘艳茹．英语翻译中的文化适应性提升策略探析 [J]. 文化创新比较研究，2022（20）：36-39.

[28] 郭敏敏．跨文化视角下旅游英语翻译策略探究 [J]. 漫旅，2022（17）：92-93，96.

[29] 陈园园．大学英语四级翻译中的文化因素解读及翻译策略 [J]. 文教资料，2020（34）：228-230.

[30] 成杰，李文玉．跨文化视角下的商务英语翻译策略 [J]. 海外英语，2023（4）：22-24.

[31] 汪婷．探析跨文化视角下旅游英语翻译策略 [J]. 海外英语，2022（9）：42-43，59.

[32] 陈静学．浅谈中西茶文化差异与大学英语翻译教学策略 [J]. 福建茶叶，2022（10）：199-200.

[33] 彭文婷．跨文化背景下高校英语翻译教学的策略研究 [J]. 湖北开放职业学院学报，2023（6）：183-185.

[34] 孟洪玉. 基于应用语言学的茶文化英语翻译策略研究 [J]. 福建茶叶，2022（8）：164-166.

[35] 付悦. 跨文化视角下英语翻译策略探究 [J]. 作家天地，2022（8）：91-93.

[36] 侯飞亚. 中国传统文化融入大学英语翻译教学的策略探究 [J]. 现代英语，2022（4）：57-60.

[37] 高锐婷. 文化背景差异下英语文学作品翻译策略研究 [J]. 作家天地，2023（3）：86-88.

[38] 高晓航. 英语翻译中的文化适应性提升策略 [J]. 英语广场，2023（3）：15-18.